DX時代の21世紀型学校像

岩崎充益

東京図書出版

はじめに

コロナ禍による危機感からＤＸ（デジタル・トランスフォーメーション）への機運が生まれました。加速度的な変化の時代が到来します。児童・生徒はスマホを持ち、いつでも誰かとつながっています。情報はインターネットからいとも簡単に取り入れることができます。

獲得した知識を真のものとするには知識の概念化が必要です。読書の必要性が叫ばれます。知識の概念化については後述したいと思います。

これからは自分の専門外から多くを学ぶ必要があります。激しく進化する社会にあって変化に対応するマインド、精神を持ち続けたいものです。「阿吽の呼吸」「暗黙知」で通じ合う社会で安穏と生活していると第４次産業革命を生き抜く力が身に付きません。

経済界はいち早くＤＸ時代に対応した発想の転換を模索しています。教育界にもＧＩＧＡスクール構想のもと「情報活用能力の育成」「教科指導における情報通信技術の活用」「校務の情報化」などが明示されました。ＤＸのＸはTransformationのことで「形が跡形もなくすっかり変わる」「決定的な変化を起こす」という意味です。

２０２１年11月、岸田新内閣が誕生しました。岸田首相は就任演説の中で「早く行きたければ一人で進め、遠くまで行きたければ、みんなで進め。（If you want to go fast, go alone. If you want to go far, go together.)」と言っています。これはまさにＤＸの思想と真逆です。日本にとってみんなで歩調を合わせ改革を進めていく時代ではありません。いい意味での個人主義が尊重される時代です。

DX時代の21世紀型学校像 ◈ 目次

第1章　ＤＸ時代の21世紀型学校像

生き生きとした観念に導かれた教育

これからの時代に必要な教育とはＤＸ（デジタル・トランスフォーメーション）の発想をベースにした学びです。『ＤＸの思考法』の著者、西山圭太によるとＤＸの時代は次のようになると言います。

- 鈍行列車ではなく新幹線で流れていく景色を見ているのが現在である。**社会は急速に変化している。**
- 暗黙知では通用しない。**専門知を超えたつながり、発想の転換**が必要である。
- コロナ禍における危機感がＤＸへの機運を生んだ。新型コロナの危機がなければ日本は数十年後優秀な人材がすべて海外の優秀な大学で学んでいたかもしれない。
- グーグルやアマゾンに対抗できるプラットフォームを持てたのは中国だけ、日本は遅れをとった。あらゆる分野のレイヤー（教育などの目的を達成するための構成要素）が積み重なって21世紀型学校像が完成する。

■社会は業種も人種も違う人々と弱いつながりを持っている。ふとした出会い、つまり弱いつながりがイノベーションにつながる。

さて教育現場ではＤＸの発想をベースに学びの形はどう変わるでしょうか。

テッド・ディンタースミスは全米50州を精力的に歩いて回り、理想の教育を実践している学校の取り組みを*What School Could Be*（理想的な学校）の中で紹介しています。

彼は、未来の教育（新たな教育観）は次のようになると言います。

■Innovative　革新的
■Decentralized　分散型、非集約型
■Purpose-driven　データに依存せず、教育目標に準拠
■Trusted Classroom　理想の教室
■Organic Learning　型にとらわれない学び
■Create　創造的
■Essential Skill and Mind-Sets　生き生きとした観念に導かれた教育
■Life Ready　生きる知恵を重視

（日本語は引用者訳）

Essential Skill and Mind-Sets の「生き生きとした観念に導かれた教育」はかなり意訳かもしれませんが、ホワイトヘッドの著書『教育の目的』に書かれている言葉で、「生き生きとしていない観念」とは、役立てられも、テストされも、新たな関連の中に置かれもせず、ただ単に頭に詰め込まれただけの観念のことです。ホワイトヘッドは同書の中で「**生き生きとしていない観念によるような教育は、無用であるだけではありません。なにより有害なのです**」とも述べています。

マーク・ザッカーバーグやビル・ゲイツら億万長者が投資しEdTech（エドテック）を開発しました。EdTechとは教育とテクノロジーを組み合わせた学びの形で、個人のペースで個人の能力に応じて学ぶことができます。

EdTech は世界各地で教育効果を発揮しています。アメリカでは私立学校でいち早く導入されました。その後いくつかのチャータースクールでもコンピューターを教育分野に取り入れ成果を上げています。そのチャータースクールの一つ、Summit Public Schools では、EdTech を取り入れた個別化教育を導入した結果、貧困層の子どもたちに教育効果が高いことが証明され、99％の卒業生が大学へ進学しました。同校で開発されたソフトは、27州の１３０校に無料で供与され教育効果を上げています。

Facebookのマーク・ザッカーバーグはさらに1億ドル（約110億円）投資し、自国の貧困地域の教育を変えようとしましたが、この投資は失敗に終わりました。なぜならすぐに目に見える結果を期待したからです。evidence-based（数値データに基づく）で投資の効果を期待する新自由主義的考え方は公教育になじみません。公教育で成果を出すには時間がかかります。

DX時代の教育の方向性として、

▪**公正に個別最適化された学び**にむかう。つまり、すべての子どもがすべての段階で他の子どもと協働し自ら考え抜く自立した学びになる。学習手段としてEdTechの使用、データを収集し、共有し、活用する学びになる。

▪**基礎読解力の必要性それに数学的思考力が要求される。** 実際、大学入試の新傾向問題はこうした分野の出題に転じている。

▪**文理分断から脱出**する。私は数学が苦手だから文系、理科系科目が得意だから理系といった枠を超えた学びが求められる。

1959年、イギリスのC・P・スノーは『二つの文化と科学革命』の中で、イギリスの社会が二つの文化に分断されていることを警告しています。この二つとは日本流に言うと「文系」と「理系」です。確かに英語に「文系」「理系」といった語彙がありません。

「Society 5.0に向けた人材育成に係る大臣懇談会」（平成30年6月5日）によると、これからの時代に求められる力として、

①文章や情報を正確に読み解き対話する力
②科学的に思考・吟味し活用する力
③価値を見つけ生み出す感性と力、好奇心・探求力

となっています。

ＤＸ時代の「学び」とはＡＩにできないことに従事する人材の育成と言い換えてもよいでしょう。21世紀に求められる資質・能力の人材とは、

- 高い問題解決能力を有する人材。
- ＡＩが人間を凌駕していく時代にあって、**AIを使いこなす能力を有する人材**。
- 他者と協働し、チームを編成できる人材。自分の立ち位置をわきまえSoft Skillsを備えた人材のことです。Soft Skillsとは**対人的な交渉力、意志疎通をする能力**のことです。

ＤＸ時代の公教育とはＰＩＳＡ型「生きる知恵」の実践と言い換えてもよいでしょう。ＰＩ

ＳＡ型「生きる知恵」とは、

- ■習得した知識や技能を実生活の様々な場面で課題にどの程度活用できるか知る能力。
- ■非連続テキスト、つまり図表・グラフ・地図などを含む文章を読み、活用する能力。２０２１年度の大学入学共通テストの英語の読解などでこうした問題が出題されました。
- ■ただ回答するのではなく、なぜその答えに至ったのか説明できる能力。数学の新傾向問題はこうした知識を確認する内容になっています。
- ■情報を取り出し、解釈し、理解・熟考・判断して、その結果として自分の意見を表明できる能力。（データサイエンス）

経済協力開発機構（ＯＥＣＤ）のアンドレアス・シュライヒャー教育・スキル局長が「グーグルは何でも知っている」と言っています。今の時代、インターネットを検索すればどんな知識でも手に入れることができます。しかし、そうした知識は借り物の知識で真の知識ではありません。次に真の「知識」について触れたいと思います。

情報の海を泳ぎ切る力

今の子どもたちはスマートフォンなどの端末機器でいつも誰かとつながっています。つながることで子どもたちのアイデンティティが保たれているのかもしれません。しかし、つながることで子どもたちの孤独感も増しています。

２０１１年の発表レポートによると、ネットワーク端末数は２００３年時点、５億台で世界人口63億の12分の１の数に過ぎなかったのが、２０１０年には世界人口を超える１２５億台の端末が普及し、２０２０年には約５００億台に達しました。

The International New York Times の Opinion 欄 に Jonathan Haidt と Jean M. Twenge がスマートフォンにより子どもたちの孤独感が増していると報告しています。その記事によると、世界中の子どもたちが Twitter や Instagram に毒されており孤独感や憂鬱感にとらわれているといいます。15歳以上を対象にしたＰＩＳＡの調査によると、孤独感と憂鬱感とは相関関係にあり、２０１２年から6年間でヨーロッパ、ラテン系の国、それに英語圏で孤独感を訴える子どもたちは2倍に増え、アジア圏では1・5倍に増えています。今、子どもたちをスマートフォンなどの情報端末から解放しなければならないと言っています。

ＯＥＣＤ学習到達度調査（２０１８年）の結果がでました。日本は学校外での平日のデジタル機器の利用状況において、ＯＥＣＤ各国と比べ最低レベルです。

図1を見てください。特に数字が低い分野は「コンピューターを使って宿題をやる」「学校の勉強のためインターネット上のサイトを見る」という項目です。

同時期のＯＥＣＤ調査によると、日本の教員は情報処理に関するスキルが調査国の中で最下位です。この分野では中国がかなり進んでいて、今回のコロナウイルス危機の時もほとんどの教員が情報機器を使いオンライン授業をやっていました。

今回の調査結果を受け、２０１９年12月４日、中央教育審議会、教育課程部会は「デジタルの情報を読む力が不足している。多様な経路から来るデジタル情報を理解できないのが決定的だ」とコメントしています。前出のシュライヒャーＯＥＣＤ教育・スキル局長は「今回はデジタル世界の読解力に焦点化した。教科書は信用できる内容で、百科事典は正しいのが前提、一方デジタル情報は嘘か本当かわからず、生徒はその情報の海を泳ぎ切らねばならない」と話しています。

学校外での平日のデジタル機器の利用状況		
	日本	OECD平均
コンピューターを使って宿題をやる	3.3	22.2
学校の勉強のためインターネット上のサイトを見る	6.0	23.0
ネット上でチャットをする	67.3	87.4
一人でゲームで遊ぶ	26.7	47.7

図1

OECD学習到達度調査（2018）の結果から著者作成（%）

情報の海を泳ぎ切るにはDX literacyが必要となります。ここで言葉の定義をしておきます。literacyと意味合いが似た言葉にcompetencyがあります。**competencyは自分の置かれた環**

境、周囲の状況にうまく対応できるため必要とされる意思決定力であり、行動指針です。一方 **literacy はこれまで自分が経験したことのない課題に対し、今まで習得した知識を活用し解決する力です。**

DX literacy に求められる真の知識とはどのようなものでしょう。次にその点について論述していきます。

今の子どもたちは情報の渦に巻き込まれています。インターネットを開けばどんな知識も瞬時に取り入れることができます。しかし、こうした知識を使って自分の考えを論理的に表現することは彼らの苦手とするところです。こうして手に入れた知識は真の知識とは言えません。**真の知識とは自分の頭の中でしっかり概念化された知識です。**

図２を見てください。知識の概念化（generalization）を図にしてみました。子どもたちはデータを瞬時に脳に取り入れます。こうして手に入れたデータは自分のものとなっていません。つまり、知識の概念化ができていないのです。知識の概念化をするため読書活動をする必要があります。読書をすることで、フィルターが形成されます。フィルターによって、

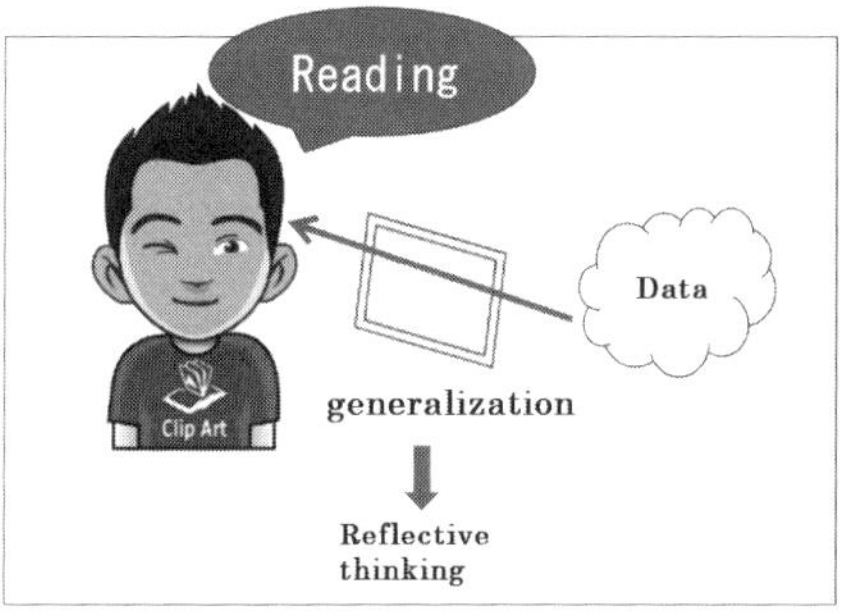

図２　知識の概念化の仕組み

脳の中に入ってくるデータが分類されます。

自分の知識を使って発話をすることで、知識の概念化ができるのです。さらに振り返り（reflection）をすることで自分独自の知識として定着します。

本を読む上で、「探究的な読書」が勧められます。本を読むことの効果として、

①今関心を持っているジャンルの本を読むことで自分の思考の幅を広げることができる。思考の幅を広げることで、コミュニケーション能力が高まる。

②本を読むことで、自分の中でどうしてもまとまらない思想が明確化する。思想が明確化することで、文章にしたとき、相手に誤解なく伝わる。

③何年間も人々の思想の源泉となり生き続けてきた古典の知識を参照することで、自分の主張がより普遍的で説得力のあるものとなる。

知識の概念化にはメタ認知力が要求されます。次にメタ認知について言及したいと思います。メタ認知とはわかりやすく言えば、「**自分の心の窓で自分自身の変容に気づく**」ことです。自分の学習過程をもう一人の自分が見る、状況に応じて制御する（オンライン・モニタリング）ことです。自分が何を知っているか、何ができるかに関する知識、つまりメタ知識を持っている子は自分で学習計画を立てることができ、メタ認知能力が高いと言えます。

Susan Wise Bauer はメタ認知の学習効果について著書の中で次のように述べています。

This is called *metacognition*—awareness of your own thought process—and it develops most fully in adolescents between the ages of twelve and fifteen. Teens who improve their metacognition tend to perform at a higher intellectual level; self-awareness, in other words, is good for the brain.

「メタ認知は思春期に発達する。特に12歳から15歳の頃が一番発達する。自分自身の行動、思考を自分の心の窓で意識することは効果的な学びへつながる（引用者訳）」

こうした学びを「認知プロセスの外化」と言います。外化とは内化が深まるという意味です。内化と外化は一方向性で表されるものではなく、内化と外化は相互に向かって活動します。**書物などを読み知識が取り入れられ（内化）、その知識を使って仮説検証型の探究をやり、発表する（外化）ことで知識が自分の中で再構築されるのです。**

問いを立てる力

２０２２年から高校では新学習指導要領に「総合的な探究の時間」が導入されます。カリキュラム・マネジメントの中核に位置付けることが求められます。著者は都立高校で実際どのくらいこの探究学習を必修としているか調べました。かなりの学校ではまだ教育課程に組み込まれていません。ほとんどの都立高校では学校設定科目「人間と社会」を「総合的な探究の時間」に読み替えています。進学校では3年時になると希望する大学の情報収集を探究活動としている学校もあります。調べ学習程度の学びを探究活動と理解している学校もあります。

『Career Guidance』(2021 JUL. Vol. 438) は全国1156校にアンケート調査をしました。すでに探究に取り組んでいる学校には変化が生じたと報告しています。変化を感じている割合は「主体性・多様性・協働性」の分野で70%、「思考力・判断力・表現力」の分野で62%、「学びに向かう姿勢・意欲」の分野で58%でした。探究は進路実現につながっていると答えた学校の比率は98%でした。

探究学習の目標はメタ認知つまり「内省」です。 成績が伸びた生徒の特長として、自分が授業の中で発見したこと、模試などでどの点で間違えたかしっかり記録していることがあげられます。つまり「内省」することで成績が伸びることは実証されています。

古代ギリシャでは、「探究」と「感動」という二つの力の向上を教育と考えました。具体的には7歳から15歳までの間にこれらの力を心身に刷り込もうとしました。この「刷り込み」が教育カリキュラムの始まりといわれます。

15歳以降、生涯にわたって「探究する力」と「感動する力」が本人の心で維持される状態、これが古代ギリシャの自己実現のイメージです。

探究学習の要は「問いを立てる力」です。仮説検証型学習といいます。仮説検証能力はＡＩにはありません。仮説を立て、その仮説を実証するため図書館などの文献にあたります。そして検証結果を発表します。グーグルで情報収集することは勧められません。グーグルはカテゴライズされていて真正なデータが得られません。カテゴライズとは常日頃の検索結果に応じ、自分の興味のある事柄が優先的に検索結果に登場することです。

流れを図式化すると、「疑問（問いかけ）」→「仮説」→「調査」→「検証」→「整理」→「発表」→「評価」→「振り返り」です。

探究はテーマの設定で、成功か失敗かが決まります。テーマは定義をしっかりすることが大切です。探究は総合的学び、教科横断的学びです。協働学習が効果的です。21世紀に伸ばすべき能力の一つです。21世紀に伸ばすべき能力は「テーマ設定能力」「課題解決能力」「プレゼンテーション、ディスカッションする力」です。

探究は教師の指導力が求められます。最初からあまりヒントを与えすぎるのは良くありません。まずmodeling（その道の権威者、熟練者のやり方をまねる）→coaching（その道の権威者、熟練者から直接学ぶ）→scaffolding（困難な点は手助けする）→fading（少しずつ手を放していく）。こうした指導方法は効果的です。

大学入試が変わります。一般選抜の他に総合型選抜、学校推薦型選抜でより多くの受験生をとるようになります。高校時代の探究学習、課題研究でどのようなテーマで仮説検証型の研究を実施し、それにより本人がどのように変容したか問われます。**結果の質より学習の過程を評価します。**

生徒の探究活動を評価するには教師の力量を要します。評価の三角形があります。

次の三つの観点で教師は心の窓を開き生徒を評価します。まず生徒の認知過程を観察します。生徒は探究学習の過程をポートフォリオの形で提出してくるでしょう。観察できた認知過程を読み教師はフィードバックします。

児童・生徒の頭の中でどんな化学変化が生じているのか、どんな認知過程の変化が生じているのか一対一で面接しながら観察するのです。

急速に変化する今日、**伝統的な学びから問題解決型学びへと変えていく必要があります。**「世界へつながる教育」を目指す今日に暗黙知は通用しません。次にその点に関し触れてみたいと思います。

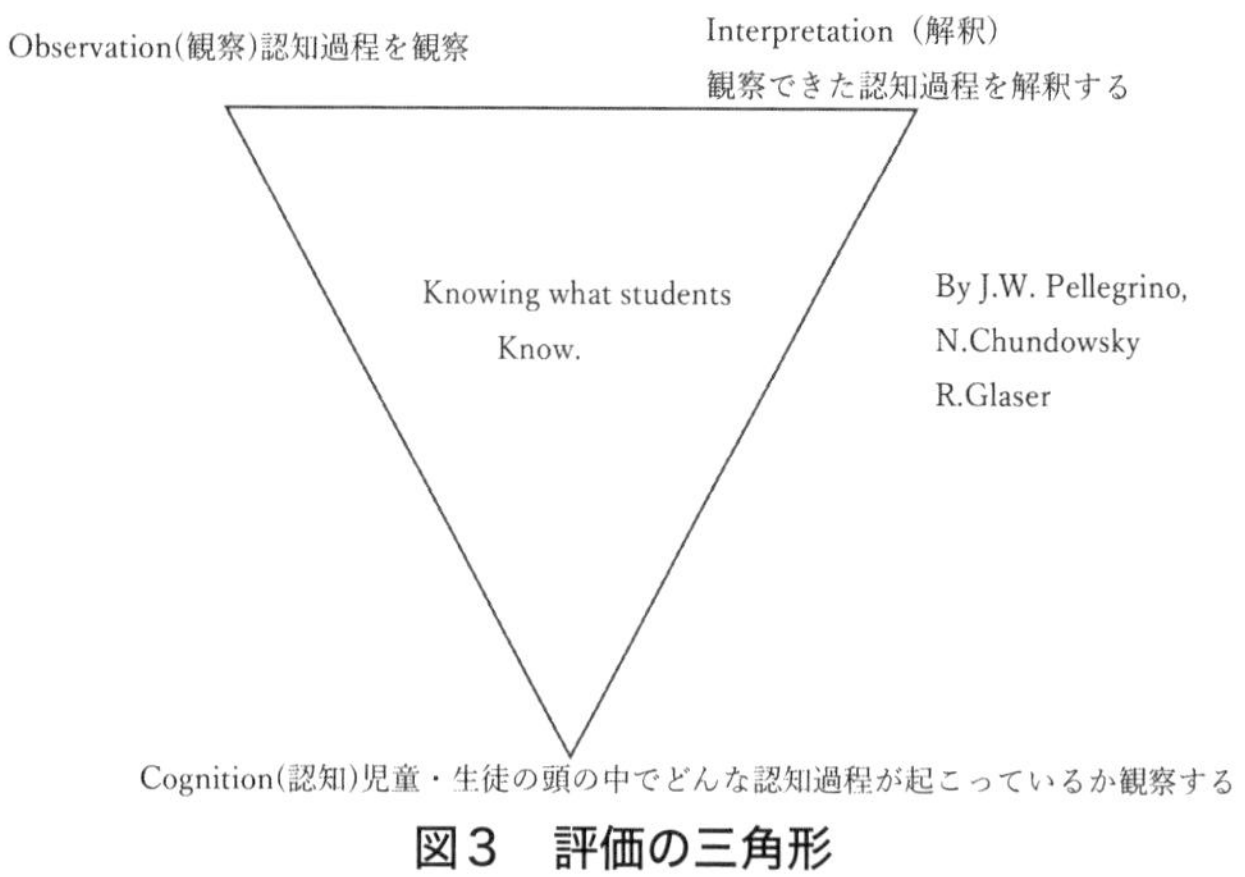
Observation(観察)認知過程を観察
Interpretation（解釈）
観察できた認知過程を解釈する
Knowing what students
Know.
By J.W. Pellegrino,
N.Chundowsky
R.Glaser
Cognition(認知)児童・生徒の頭の中でどんな認知過程が起こっているか観察する

図3　評価の三角形

第2章 世界へつながる教育

なぜ、今、英語教育か

教育には可能性があります。どのような社会的背景でも、どこに住んでいても、両親がどのような職業でも、ＤＸ化が進み、生み出された大量のデータがインターネットを通じ世界中を駆け巡っています。世界中の子どもたちに様々な仕事の人々と出会うことを可能とし、これにより子どもたちに無限の可能性があることを知ってもらうことができるようになりました。21世紀社会に児童・生徒を送り出すため世界へつながる教育をしなければなりません。これからの時代、**自分の専門外の知識を借り、緩やかな発想のもと、果断な行動をとっていく必要があります**。

今後の世界は、ほとんどの人が異なる文化の人との協力を求められるでしょう。変化を続ける人口構成のなか学校と職場両方においてのチームワークが重視されます。ＤＸ化とグローバル化により社会はますます狭くなってきています。人の移動が活発化し、難民が発生し開発途上国から先進国へむけ移動しています。

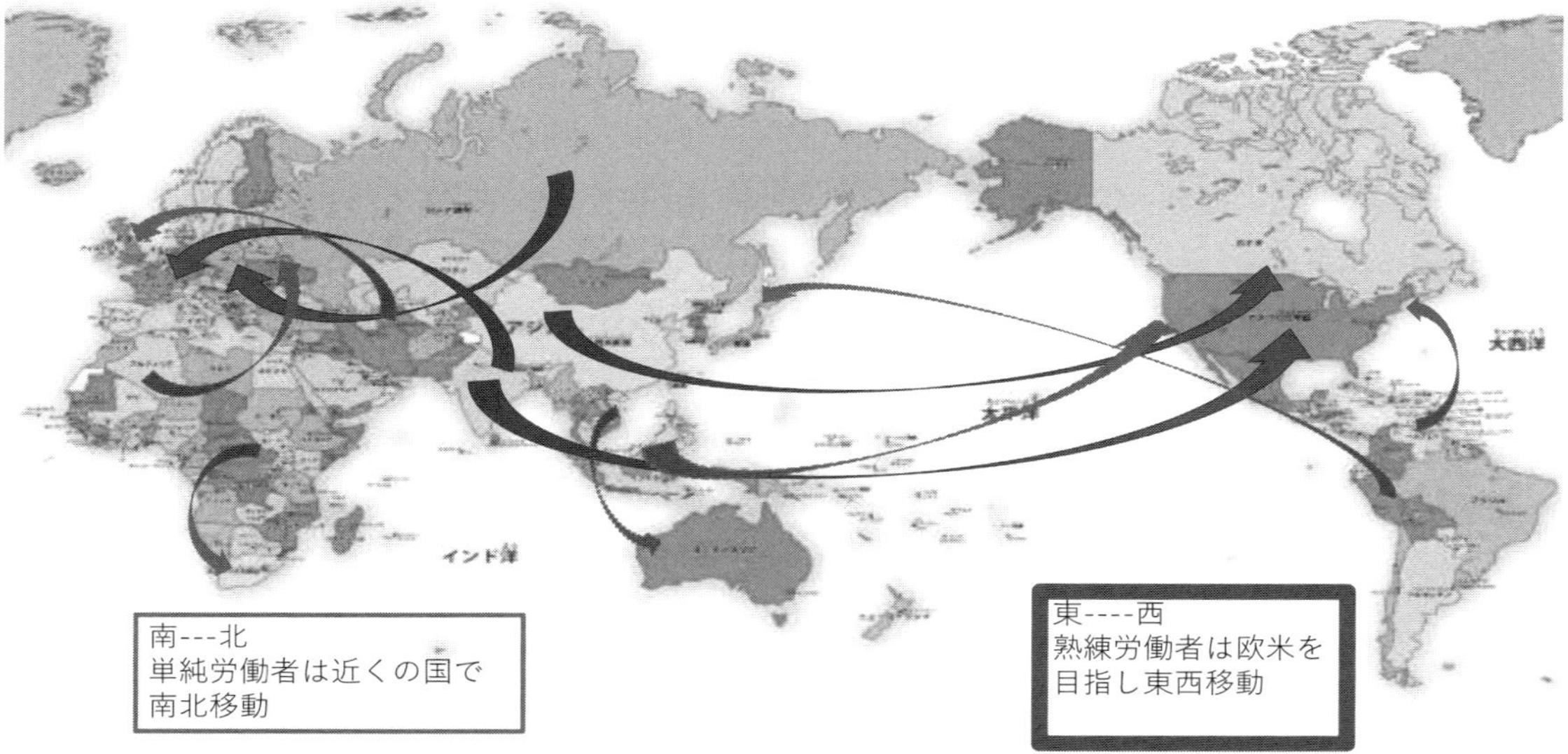
アジア
インド洋
太平洋
大西洋
南---北
単純労働者は近くの国で
南北移動
東----西
熟練労働者は欧米を
目指し東西移動

図４　労働者の移動状況

これからはグローバルに活躍する人材が求められます。こうした人材を育成するために日本の教育は次のように変わっていくでしょう。

■伝統や文化等に関する教育の推進。
■英語をはじめとした外国語教育の強化。
■国際化に向けた先進的な取り組みを行う教育機関への支援。
■日本人生徒・学生の海外留学支援。
■外国人留学生の受入れ環境の整備。

グローバルに活躍する人材には国際標準知（global competency）が求められます。OECD Learning Framework 2030によると、国際標準知を兼ね備えた人は次のような人です。

■Inquirers「探究する人」
■Knowledgeable「知識ある人」
■Thinkers「考える人」
■Communicators「コミュニケーションが出来る人」
■Principled「信念を持つ人」

- Open-minded「心を開く人」
- Caring「思いやりのある人」
- Risk-takers「挑戦する人」
- Balanced「バランスのとれた人」
- Reflective「内省の出来る人」

様々な人種、様々な宗教の人とコミュニケーションを図る上でリンガフランカ（国際共通語）としての英語がますます必要となります。現在英語をofficial languageとして使用している国は約83カ国にのぼります。最近の統計（２０２１年）では英語を話す人が一番多い国はインド（13億９３４０万９０３８人）、続いてアメリカ（３億３２９１万５０７３人）、３番目にパキスタン（２億２５１９万９９３７人）です。10番目までノンネイティブが7カ国も入っています。

英語学習はノンネイティブとのコミュニケーションを主眼にした学びになっていきます。実際、２０２１年度の大学入学共通テストのリスニングには英国人らしき人、アジア人らしき人の音声が流れていました。リスニングの一回読みも導入されました。

ＡＩ翻訳機、ＡＩ通訳機の性能がかなり向上しています。こんな時代に英語教育はいらないのではという声も巷から聞こえてきます。実際、GPT-3というＡＩがアメリカで開発されました。いくつかの key words を入力するだけで、自動的に文章を作ってくれます。GPT-3で書かれた opinion 記事を実際に読んだことがあります。専門家に言わせるとかなり教養ある人間の文章に匹敵するとのことです。

確かに自動翻訳機は自分の専門外の文献を訳す上で大変便利になります。ＡＩは相手の表情を読み取り、言葉の綾を通訳する上で限界があります。ノンネイティブの癖のあるアクセントを正確に通訳するにも限界があるでしょう。現時点のロボットは様々の形状のドアノブさえ自分で開けられないそうです。この分野のドアは閉めたままにしておきましょう。

コミュニケーション手段としての英語教育は必要です。**４技能（５領域）を統合して教える英語教育が求められるのです。**新学習指導要領における外国語教育には「コミュニケーションを行う目的や場面、状況に応じて」理解し伝え合う思考力・判断力・表現力を育てる点、**外国語を通じて「人間としての強み」を伸ばす点が強調されています。**

インターネット上の英語人口は10億5千万人、学術・研究部門での発表は英語が共通語になっています。ビジネス用語も英語です。そう考えると英語のネイティブスピーカーは有利に思えます。

英語をやっていくうちにわかってきますが、ネイティブにも英語はできますがコミュニケーションをとってみると教養のない人が多いのです。毎朝、著者は日本の新聞と一緒に *The New York Times*、*Japan Times* を読むことにしています。特に op-ed（論説記事）が好きです。この記事を読んでおくと、アメリカやイギリスの知識人と話がはずみます。

英語をやっていてよかったと思うことは行動範囲が広がることです。明日、ニューヨークへ行くことになったとしても、熱海へ行くのと同じ気分でいられます。英語を通じてあらゆる国の人と友達ができました。今でもメールのやり取りをしています。

著者は幸運にも若い時ニューヨークのコロンビア大学で学びました。日本にいながら英語の達人になるのは至難のわざですが、不可能ではありません。英語はあくまでコミュニケーションの手段だと考え、日常生活を英語漬けにする。英語で読み、英語のニュースを聞き、機会があれば英語で会話を交わす。日本にいても心掛け次第で語学力は伸びます。

母国語の能力以上に英語力は伸びません。日本語で論理的にスピーチできない人は英語でできるはずはありません。質の良いペーパーバックを読むことです。著者はP. G. Wodehouseが好きです。良書に対する英語の誉め言葉にfunnyがあります。彼の本はまさにfunnyです。ペーパーバックから会話文を学ぶことができます。

日本人の英語はOur Englishと言われます。発音に日本語なまりがあっても構いません。どんどん英語を話し、世界中にたくさんの友達を作りましょう。

他分野の知識を借りる

少し前まで「タコつぼ型」という言葉がありました。タコつぼには一匹のタコしか入れません。つまり「タコつぼ型」とは別名専門バカのことです。ＤＸ化とグローバル化が加速度的に進展する今日、自分の専門を超えた知識を活用し発想の転換を図っていく必要があります。つまり阿吽の呼吸とか暗黙知は通用しません。暗黙知だけでは様々な業種の人、国籍の人と付き合っていくことに限界があります。**他分野の知識を借りるのです。わかりやすく言うと「他人のふんどしで相撲を取る」という意味になります。**

政府はSociety 5.0を発表しました。Society 3.0はindustrialization（工業化）の時代です。それに続くSociety 4.0はinformation society（情報化社会）です。そしてSociety 5.0はhuman societyです。つまり「モノ」から「人間」中心の社会です。

文科省は２０１８年６月、Society 5.0の新時代へ向けての学びとして「学校ver. 3.0」を発表しました。ＡＩやＩｏＴにとって代わる人間の育成として新たな学校の構想を提案しています。

子どもたちは変化してきました。他の子どもたちとうまくやっていけない子どもの増加、ＡＳＤ、ＬＤなどの発達障害を持った子どもの増加、日本語能力不足の子どもの増加、特異な才能を持つ子どもの出現などです。そのため文科省では学校ver. 3.0の中で次のような点に焦点化した方策を展開しています。それは、「**誰一人取り残すことのない、公正に個別最適化された学び**」です。こうした学びを実現するためにＩＣＴを基盤とした先端技術教育に係るデータの活用が求められます。ＩＣＴを活用することで次のような利点が考えられます。

①学びにおける時間・距離の制約がなくなる。どこにいても、好きな時間に、好きな科目を、好きな先生から学べる。

②個別に最適で効果的な学びが実現する。オンライン授業はチャット機能などを使い、遠慮なく意見を表明できるし、先生に質問ができる。

③教師の経験値と科学的視点の融合が可能になる。他分野の知識を借りることで、幅広い分野にわたり見識を広げることができる。

④校務の効率化にはＩＣＴが最適である。パソコンを学校外へ持ち出すことで家庭にいながら会議に

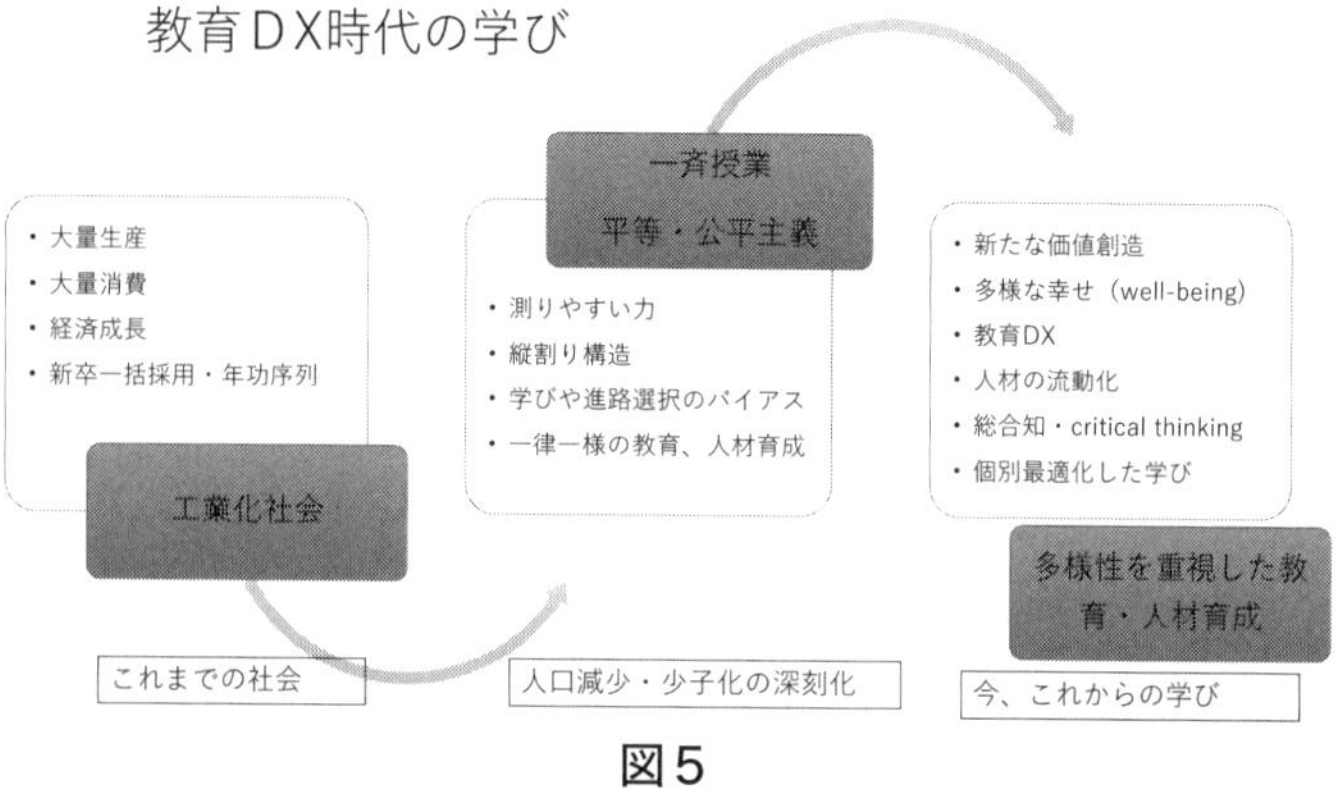

図５

参加したり、生徒のポートフォリオなどをチェックしたりできる。

個別最適化された学びを推進する上で触れておかねばならない教育はＳＴＥＡＭ教育です。ＳＴＥＭ（Science, Technology, Engineering, Mathematics）にＡ（Arts）が加わりＳＴＥＡＭになります。このＡをデザインや感性などと狭く捉えるもの、また芸術、文化、生活、経済、法律、政治、倫理を含めた範囲のLiberal Artsで定義するものまであります。**Ａの範囲を芸術、文化に限定することなくLiberal Artsで定義したいと思います。**個に応じたＳＴＥＡＭ教育がこれからの教育の進む道です。

新時代に向けての学びの過程で二律背反の陥穽に陥らないことです。

「実学」という言葉があります。その言葉に対し「教養」という言葉もあります。最近、世間では「教養」より「実学」が大事だと言われています。「実学」とは社会にでてすぐに役に立つ知識、「教養」は実利的ではない知識と世間では言われています。

「実学」か「教養」かという二律背反、つまり二つのうちどちらかという考えに囚われないようにしたいものです。長い人生においてＡかＢかという選択に迷うことがあります。専門的な話になりますが、「A or B」という考え方は「ＯＲの抑圧」とも言われます。「ＯＲの抑圧」とは「逆接は受け入れず、同時に追求しない考え方」です。一方、「A and B」は「ＡＮＤの才能」と言われます。「ＡＮＤの才能」とは「さまざまな側面の両極にある物を同時に追求する能力」です。**21世紀を生き抜く「知」は「ANDの才能」を活かす「知」です。**今まさにこの「知」が求められています。

20世紀の教育哲学者、ジョン・デューイは「知識は絶対的なものではなく、物事の真偽は相対的なもの、知識は物事を解決させる道具」のようなものだと言いました。ジョン・デューイによれば「自己（self）とは知恵を使って過去の知識から現在における望ましいものの投影である。将来を予想し、知性を用いて問題解決する過程で知者（knower）となり精神（mind）となる」と言っています。

知識がある人とない人とでは人生の岐路で大きな差がつきます。高校・大学を選ぶ時や職業を選択する時迷いが生じます。そんな時、知識を身に付けた人は多くの選択肢を持つことができるのです。『源氏物語』にすでに「学問」なる語が登場します。学問を身に付けることで知識人となるのです。

協働学習の中で自分の知識を発見し、知識を引き出す能動的な学び（アクティブ・ラーニング）の重要性が叫ばれています。この能動的な学びの中で身に付けた知識・能力の成果は数値データだけの分析では検証できません。

大江健三郎は「知識人とは個人の声で語る、そして、個人のスケールで、しかし、その個人の全力を挙げて、社会における自分の責任をとろうとする普遍的な原理に立つ人間」であると言います。普遍人の完成のために普遍的な知が求められます。

普遍的な知

田中美知太郎は著書『学問論』で「普遍的な知識は数学か？　いろんな現象についてわれわれは数学の命題を適用することができる」と触れています。**ＤＸの時代は教育論と哲学、数学と哲学といった他分野の知識を融合し化学反応をおこし、そこからイノベーションを導き出します。**

最近の文科省の文章のなかで「同調圧力」という語が頻繁に登場します。日本人は同じ価値観の者同士が群れたがり、価値観の違う者を排斥する傾向があります。こうした行為を同調圧力と呼びます。

ジョン・デューイは民主主義とは“a way of associated living”（多様な人種が共に生きる方法）と言っています。ボーダーレスの時代になり同調圧力は敵とみなすべきです。

デカルトやプラトンが活躍した時代、哲学者は数学家でもありました。**若きデカルトが描いていた「新しい学問」、その目指す風景は数学的思索でした。**森田真生は数学と哲学との融合について語っています。

「デカルトにとって数学は明晰な知に至るための思考の模範であった。精神を正しく導くための〝規則〟と〝方法〟をデカルトは探し求めた。一方、カントはデカルトの〝観念〟の代わりに〝判断〟から始めた。個人の内面における知の〝明晰〟さより、普遍的に共有可能な知の

〝必然性〟を重視した」(『計算する生命』190頁)

知識の概念化と同じ道筋で数学を語ることができます。未知なる概念に対し、仮説を立て、検証しながら未知の概念を生み出していく。こうした歩みは哲学と結びつきます。仮説検証型の学びは哲学と切り離せないものです。

少し前まで数学と哲学は現実離れした学問のように見られていました。数学者、西郷甲矢人と哲学者、田口茂が「現実」というテーマで語りあっています。

哲学者にとって「現象学」は事象そのものの追究であり、「現実」というテーマに一致します。対談の中で「数学とは何か」という問いを問い詰めることによって、「数学がいかに深く現実の核心に根付いているか」という点が浮き彫りにされてくる、と西郷が言います。こうして両者は「現実」というテーマはそれぞれの専門分野がからみあい、論が展開することに気が付いたのです。

20世紀になり、多くの哲学者が科学と対立するより「科学的知見」に親和的な仕方で哲学的思考を展開するようになったと田口が説明します。両者の対談の中で現実の一般行動つまり「出来事」と私たちが捉えるものは、物理的現実や数学的真実から人間の生の在り方という哲学まで串刺しにした普遍的な学問であると論じています。

著者は夏目漱石が好きで、学生時代、夏目漱石全集をすべて読破しました。その中でどうしても理解できなかった作品は『文学論』です。『文学論』の中に登場する〔F+f〕という記号を使い漱石は具体的な文学作品の該当する箇所を細かく論じています。Fは“Focus”のことで認識の焦点を意味します。fは“feeling”で情緒的要素です。文学というものは全体を包括する観念（認識の焦点）があり、それに付随する情緒的要素があって全体を構成するということです。今思えば文学を科学的に分析しています。他分野の知識を借りるという考えが漱石にはあったのでしょう。

こうした普遍的な知識は旧来の学びでは身に付きません。第４次産業革命を生き抜く知はクリティカル・シンキングです。クリティカル・シンキングは深い学びから身に付きます。次にその点を詳述したいと思います。

複数の視点から論理的に分析する

ほんの数十年前まで、ほとんどの仕事はコンピューターによるものではありませんでした。しかし、ＯＥＣＤ加盟国の仕事でのＩＣＴの使用時間は、１９９５年から２０１４年の間に倍となり、その後も伸び続けています。１９９５年から２０１４年まででＩＣＴ使用時間は2倍になったと報告されています。

第４次産業革命の２０３０年頃はどんな社会になるでしょう。“OECD Future of Education and Skills 2030”は次のように発表しています。

- Change may arrive as a gentle breeze or as a violent, category 5 typhoon.（知識・情報・技術をめぐる変化がゆっくり訪れるか加速度的に来る。）
- The Fourth Industrial Revolution is changing how we grow, buy and choose what we eat.（第4次産業革命の時代には進化した人工知能が今私たちが判断している様々な行為をする可能性がある。）
- Unpredictable what happens next.（予測困難な時代）
- Knowledge can be merchandized（モノを売る時代から、価値を売る時代へ）
- More than half of jobs will be replaced by AI（仕事の半分以上はコンピューターが代行する社会になる）

第4次産業革命の時代は、確かな学力が問われます。確かな学力として、文部科学省は学力3要素をあげています。つまり、「基礎的・基本的な知識・技能」「知識・技能を活用し課題を解決するために必要な思考力・判断力・表現力」「主体的に学習に取り組む態度」です。

これからの世界で必要な知識を「国際標準知」と言います。**この知識は単なる受け身の知識ではなく、クリティカル・シンキングで身に付けた知識をプレゼンテーション、論文などで表明する知識です。**

なぜ今、クリティカル・シンキングなのでしょうか。日本における教育の枠組みが大きく変わります。新学習指導要領で育成しようとする力は世界共通の課題です。今の中高生が大人になる2030年頃にむけ、日本は成熟した民主主義国家になるべく、あらゆる思想・信条の人々と付き合うことのできる人材育成は喫緊の課題です。

知識偏重主義の教育に対するアンチテーゼとして、伝統的教育と異なった視点に重点を置く必要性が認識されるようになりました。知識は持っているだけではだめで、その知識を使って行動した時初めて活きた知識になります。**その行動が他者にどのような影響を及ぼすか、他者に影響を及ぼさない知識は活きた知識とは言えません。**

教育の目的は、

①知識を教え込むのではなく、生徒一人ひとりがお互いの知識を交換するなかで、自ら発見をすることです。
②正しい答えは一つだとする社会通念に対し、常識を疑うことです。
③ボーダーレスの社会で、あらゆる思想・信条の人とコミュニケーションをとれる人材を育てることです。

こうした教育の目的を実現する上で必要となる資質・能力はクリティカル・シンキングです。**単なる知識としてクリティカル・シンキングを学ぶだけではなく、人の話を真剣に聞く態度と**

してのクリティカル・シンキングを身に付ける必要があります。新学習指導要領ではこうした知識の必要性が明示されています。着実に学びの形は変わっていくでしょう。

過去の日本には致道館教育のように、知識の詰め込みを排し、自学自習を重視する教えや、対話をして意見を述べることは、異見を述べることであり、こうした対話から発見につながるとする教えがありました。

クリティカル・シンキングを「批判的思考」と訳すところから誤解が生じます。**クリティカル・シンキングとは与えられた知識や情報を鵜のみにせず、複数の視点から注意深く論理的に分析する能力、態度のことです。**インターネットが普及する今日、情報があふれています。児童・生徒はいとも簡単に情報を獲得でき、知識量は時に教師、教授を凌駕するほどです。こうした知識を概念化するフィルターを脳の中に作る必要があります。このフィルターは母国語である日本語の本をたくさん読み、論理的に思考する中から生まれます。

クリティカル・シンキングの力を付けさせるには学びの形を変える必要があります。「主体的・対話的で深い学び」の必要性が問われるゆえんです。「主体的な学び」とは、生徒が学びに興味や関心をもって向かい、次の学びに結びつくことです。「対話的な学び」とは、他者の考えと交流しながら自分自身の考えを深めていく学びです。「深い学び」は各教科の特質に応じた「見方、考え方」を働かせる学びです。「メタ認知」と「内省」が伴います。

学び方改革に伴い、評価も変えないといけません。今まで定期試験だけで児童・生徒を評価してきました。これからは、授業の中で課題を提出させ、プレゼンテーション、ディベート、ディスカッションなどを行いパフォーマンス評価を行います。しかしそれだけでは数値化できません。各教科の先生方は知恵を出し合い、ルーブリック評価表を作成します。こうして、日々の授業の中で評価を出すことを、形成的評価といいます。

児童・生徒たちに、今この授業を受けているとどんな力が付くのか意識させることが重要です。そのためCAN-DOリストの作成が急がれます。このリストは生徒や保護者が持つことが原則です。先生方の机の中に眠っていたら意味がありません。

授業は旧来の講義型から、生徒同士、課題を見つけ、学び合う姿に変わっていきます。こうした学びの中で生徒はメタ認知能力を磨きます。メタ認知能力をつけるには、日々学びの過程で児童・生徒の「内省」を促す必要があります。内省とは自分の心の窓で自分の変容を振り返ることです。この変容を記録していく物がstudy logあるいはポートフォリオです。

旧来の知識ばかりを問う大学入学試験から学校生活の中でどう変容したかを問う時代が来ます。ポートフォリオの重要性が増します。

第3章 Society DXを生き抜く

Society DX

『DXとは何か』の著者、坂村健は「Society 5.0とは膨大なデータを価値に結び付けることが出来る社会である。インターネットはだれでも送信でき、だれでも使える。皆が使えるからローコストになる。これがopenの力だ。Society 5.0の内容は社会全体のDX化である。Society DXと言ったほうがいい。」と言っています。

最近あらたな語句がマスコミをにぎわせています。次の語句の説明抜きにSociety DXを語ることはできません。

VUCA：Volatile（変動）、Uncertain（不確実）、Complex（複雑）、Ambiguous（曖昧）の頭文字です。Society DXはVUCAの時代です。

New Normal：この語は、2007年から2008年にかけての金融危機、さらにその後2012年までに及ぶ世界的不景気の頃からビジネス用語としてマスコミに登場します。

この語の意味は、以前は非常識と考えられていたことが常識になったという意味です。
この語は「新たな常識、状態」のことを指しています。

New Normalの時代は次のような方向へ向かうでしょう。

- 以前の教育制度からエコシステムの一環としての教育制度へ
- 複線的で柔軟なカリキュラムの編成へ
- 説明責任はより質の改善を図った内容へ
- 学力と学生の生活の質つまり、Well-Beingの社会を目指す教育へ
- 今までと異なる学力評価の導入へ

Agency：日本語の訳が見つからない語です。自らの責任を自覚し、主体的に行動し、変化を実現していく力と訳すことができるでしょう。一語で言い表すと「新しい価値の創造」「変わる」「発信」「共有」などです。文献には「主体性」としているものもありますが適訳だと言えません。「当事者意識」は適訳だと思います。

図６

Co-agency：agencyを発揮するためco-agencyが必要となります。「協働」とも訳せます。図6を見てください。The light is brighter when we shine together.（光は寄り集まって明るさをさらに増す。）これからの時代は一人で学ぶより友達同士で学び合う姿が求められます。一人部屋にこもり勉強する「がり勉」という言葉は死語になりました。

Global Competency（国際標準知）：これからの英語教育はコミュニケーション能力を主眼とした授業に変わるでしょう。暗記主義、訳読式の旧態依然の授業をやっている教員は自分の居場所がなくなるでしょう。これは世界的な趨勢なのです。全世界の人々が目指す知はGlobal Competencyなのです。OECD教育・スキル局長、アンドレアス・シュライヒャー氏は国際標準知を次のように定義しています。

「フェイク・ニュースやポスト真実（post truth）の時代、同じ考えの人が固まり、文化構造を生み出している。あふれるインターネットからの情報から何が真実であるかを判断する建設的知識、考えの違った人たちとつながり一緒に働く技能を問う力」

Post Truth：アメリカのトランプ大統領が就任し様々な新語がマスコミに登場しました。この言葉も今まであまり耳にすることはなかったです。Post Truthとは自分にとって耳あたりのよい情報ばかり受け入れ、それを真実だと信じ込むことです。アメリカばかりではなく、日本にもこの傾向が入ってきました。クリティカル・シンキングの力を身に付ける必要があります。

Alternative Fact：当時トランプ大統領顧問のKellyanne Conwayが発した言葉です。今でも共和党のトランプ大統領支持者は自分の都合のいい情報のみを信じきり、それが真実だと主張します。The election was stolen.（選挙結果は改ざんされた）やCovid was faux.（コロナはデマ）という言葉を耳にします。

Unlearn：行き詰まったら、過去の体験を捨てる、という意味です。

Leadership：リーダーの言葉を受け部下が主体的に動きます。有能なリーダーが待望されます。

Mindfulness：「今」という瞬間を生きるといった意味合いです。はやりの言葉になりました。

Resilience：逆境から立ち直る力。この力は予測できない今日必要です。

Growth Mindset：基本的資質は努力次第で伸ばすことができるという意味ではやりの言葉になりました。

次にＤＸ時代を生き抜くskills（力・能力）について言及したいと思います。

知識を駆使する力

ＯＥＣＤのＣＣＲ（The Center for Curriculum Redesign）は21世紀に育てるべき重要な学力としてＫＳＡＶＥ（knowledge, skills, attitudes, values and ethics）をあげています。21世紀の学びや効果的な教授法とはskillsに焦点を当てた真正な評価の改善であると言います。Ways of learning and ways of teaching are to be considered in the development of the assessment strategies that focus in the skills「スキルに焦点を当てた評価方法の開発には、学習方法と指導方法を検討する必要があります（引用者訳）」

このskillsにはhard skillsとsoft skillsがあります。**hard skillsとは獲得した知識を駆使する能力と訳せます。soft skillsは対人的な交渉能力、意思疎通ができる能力という意味です。これからの時代はsoft skillsの重要性がますます高まります。**

先ほどのＣＣＲによると育成すべきskillsとして「四つのskills」について触れています。それらは、creativity, critical thinking, communication, collaborationです。

こうしたskillsは未来からの使者である、児童・生徒をwell-beingへ導くためのものです。ＯＥＣＤはwell-beingを次のように定義しています。

▪幸福で充実した人生を送るために必要な心理的、認知的、社会的、身体的な働きと潜在能力。

▪所得や財産、職業、給料、住宅などの物質的資源へのアクセス以上のものを含む概念であり健康や市民としての社会参画、社会的関係、教育、安全、生活への満足度、環境などの生活の質（ＱＯＬ）にもかかわるものである。

これらのskillsを真正に評価することがこれからの教育現場に求められます。従来のsummative assessment（総括的評価）のみならずformative assessment（形成的評価）も加味することが重要です。formative assessmentをより真正に評価するためにルーブリック評価を加味することです。このルーブリック評価表は生徒に持たせることで彼らが学びへ向かう動機付けになります。ルーブリック評価はその単元を担当する教員が協働して作成します。チーム英語科が力を発揮するのです。

チーム英語科を目指す上でCAN-DOリストの作成が急がれます。なぜCAN-DOリストなのでしょうか。リストを作る目標として、

▪育てたい生徒像が明確になる。

▪具体的にどんな力を付けさせたいのか明確になる。

▪CAN-DOリストは能力記述文で書くことにより「〜ができる」という実感を持つ。

■「主体的・対話的で深い学び」が実践できる。

■具体的にどう評価するか見える化できる。

学習到達目標とCAN-DOリストの目標を一致させるためシラバスに反映することが大切です。

CAN-DOリストを生徒に持たせるだけでは意味がありません。それを活かす方法として、

■学習にあたって、自分で目標をたてさせる。その目標とCAN-DOリストを照らし合わせてみる。

■英語4技能を統合的に教え、performance testを実施する。

■評価シートを生徒に返却し、自己評価をさせる。

■教師は毎回授業の目標を黒板などに書き提示する。

■授業終了時にreflection sheetを書かせる。

skillsにはcognitive skillsとnon-cognitive skillsがあります。

氷山の上に出ている学力はcognitive skillsです。テストで図ることができます。氷山の下の部分にあり見えにくい学力がnon

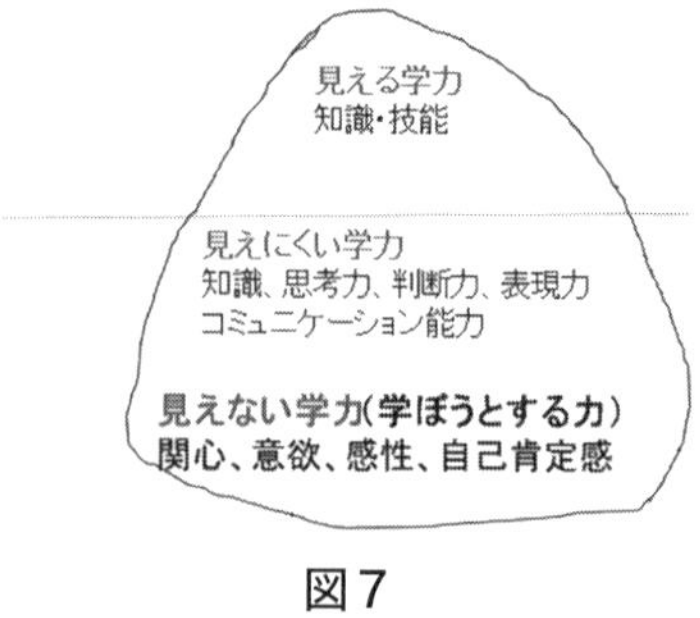

図7

-cognitive skillsで測定することは可能です。さらにその下の部分にある学力は非認知能力というものです。測定することは不可能です。この部分がsoft skillsです。

新学習指導要領ではこの部分の評価（観点別評価）も導入されることになります。その点については次の章で説明します。

ルソーは著書『エミール』の中で「もっとも多く生きた人間は、最も多く年をかさねたものではなく、最も多く生を感じたものである」と語っています。

生を感じるには理性の力が必要です。理性の力をつけるには、集団の中で自分自身が獲得した知識を闘わせる「開かれた学問」が必要です。自分の部屋に閉じこもり、好きなことだけをして過ごす「閉じた学問」では身に付きません。

「教えること」に特化した昨今の教育においては、教師の精神主義を否定する声が大きくなってきました。しかし、そのような教育はいずれＡＩに置き換えられるでしょう。今の日本は新自由主義、市場原理主義に基づく教育を推進しています。**日本の将来を考えるには、将来を支える児童・生徒を中心に考えることです。つまり、広義の教育を考えるということです。**産業構造が大きく変化している今日、国民一人ひとりが自立し、各自が課題を見つけ、解決していく必要があります。

「なべぶた」からの脱出

カリキュラムはその学校の進むべき方向性を決する羅針盤のようなものです。新学習指導要領が改訂され、学校独自の判断でカリキュラムを編成することになります。編成する上でどこを改善すべきか、教師同士が徹底して話し合います。一昔前の「なべぶた」と言われた校長と教頭が頭を突き合わせ学校の進むべき道を探った時代ではありません。

外部人材の知見も借りる必要があります。全教職員の観察眼と適切な判断力が求められます。校長は学校経営方針あるいはグランドデザインを作成するでしょう。**学校を変えるということは学校の文化を変えることです。学力はカリキュラムの改善によって保証されます。教員は完成されたカリキュラムに込められた教育目標を常日頃からの教育活動の中で実践していくのです。**

カリキュラム・マネジメントについては次章で詳述します。

第４章

新学習指導要領とDX

新課程はゆとり教育？

２０２１年10月21日号の『週刊新潮』に次のような記事が載りました。

「生徒・児童の学力を奪い、文部行政の最大の失敗作と言われた、ゆとり教育が、看板を替えて再スタートする。文科省が２０２２年から実施する高校の新学習指導要領に〈総合的な探究の時間〉という学習プログラムが盛り込まれるのだ。中身はゆとり教育をひきついだもの……」

ゆとり教育と総合的な探究の時間を短絡的に現象面だけで比較しています。高校においていまだに探究学習が地についてこない理由がよくわかります。探究については第１章で詳述したのでここでは触れませんが、ゆとり教育が叫ばれた時代と現在の状況の違いをしっかり見ておきましょう。

図８のＰＩＳＡの成績を見てください。２００３年に日本は読解力と数学的リテラシーの分野で大幅に成績を下げています。これがＰＩＳＡショックです。「総合的な学習の時間」が当

時の学習指導要領に登場し教師は何をテーマに研究したらよいのか迷いました。その結果このPISAショックが生じたと当時の有識者は分析しました。「ゆとり教育」という言葉は当時の文部省は言っていません。マスコミが言い始めたのです。

新潮社のこの記事は「総合的な探究の時間」を「総合的な学習の時間」と短絡的に置き換えているだけのように思います。「総合的な探究の時間」が導入されることにより、知識偏重型から緩やかな学びに変わると言っているのです。

第1章でも触れたとおりDX時代において「問いを立てる力」つまり「総合的な探究の時間」の有効活用が必要なのです。ゆとり教育と大きく違うのは現代はover-curriculum（様々なカリキュラム）の時代に突入してい

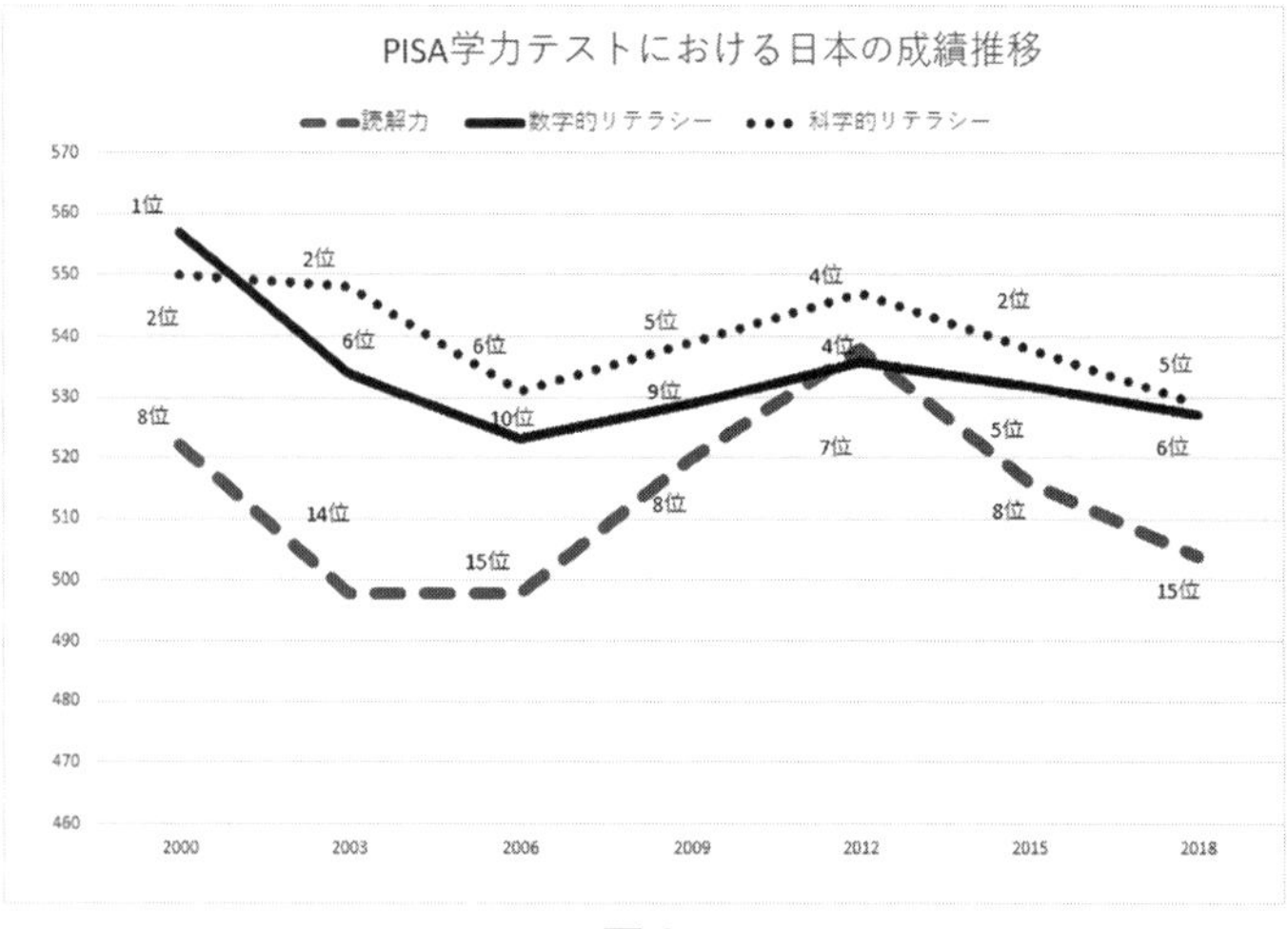

図8

PISAデータを基に著者作成

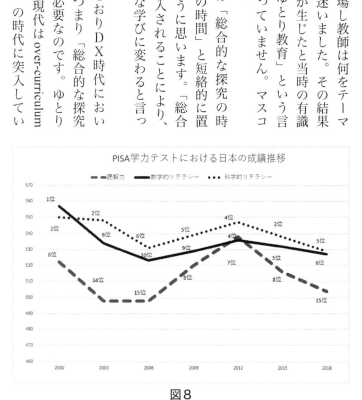

ることです。「新課程はゆとり教育」とする記事は新学習指導要領の主旨を取り違えています。なぜ、新学習指導要領が誕生してきたのか、ここで論じてみたいと思います。**新学習指導要領誕生の背景には国際社会の必然的な流れがあったのです。**

新学習指導要領のポイントとしては次のように集約できます。

(1) 社会に開かれた教育課程

ア　各学校が社会とのつながりを踏まえた学校教育を策定し、教育課程を作成する。

イ　自校の生徒が社会で生きていくために必要な資質・能力を明らかにして育む。

ウ　教育課程の実施に当たって、地域の人的、物的資源を活用する。放課後や土曜日等を活用した社会教育と連携する。

(2) 育成すべき資質・能力

ア　content-based learningからcontent-based learningとcompetence-based learningの学びへの移行です。content-based learningとは知識を集積し、テストにのぞむ旧来の学びです。competence-based learningとは集積した知識を使って自分の考えをアウトプットする学びです。知識・技能も大切な資質です。しかし、これからの時代、知識量の多寡でその人の能力は測れません。

イ　教科横断的な力が必要になります。英語科と社会科、国語科と英語科といった他教科との連携を重視した学びです。

(3) 各教科の特質に応じた見方・考え方

各教科ならではの知識、教科特有のスキルなどの重要性が増します。習得した個別の知識を既存の知識と関連づけて深く理解し、生活の場で活用できるような知識が必要となります。

(4) 主体的・対話的で深い学び

新課程の特徴の一つに学びのスタイルが大きく変わる点があります。アクティブ・ラーニング、いわゆる「主体的・対話的で深い学び」が導入されます。**「主体的な学び」とは生徒が学びに興味や関心をもって向かい、次の学びに結びつくこと、「対話的な学び」とは、他者の考えと交流させながら自身の考えを深める学びを意味します。「深い学び」とは各教科等の特質に応じた「見方・考え方」を働かせる学びで「メタ認知」「内省」が伴う学びです。**

授業観察をしていて気になることは、クラスの生徒は盛んに発話をしていて、うるさく感じるほどですが、「活動あって学びなし」の状態が散見されることです。

「深い学び」が求められます。「深い学び」とは、「習得・活用・探究の見通しの中で、教科等の特質に応じた見方・考え方を働かせて思考・判断・表現し、学習内容の深い理解や資質・能力の育成、学習への動機付け等につなげる」学びです。次の三つの対話的学びが基本となります。自己との対話、他者との対話、学習主体（subject）との対話です。

(5) 多面的な評価の工夫が必要となる

「パフォーマンス評価」、「ルーブリック評価」、「ポートフォリオ評価」など多面的評価が必要となります。多面的評価の目的は、授業がより深い学びになっているか捉えることです。

総括的評価（summative assessment）のみならず形成的評価（formative assessment）を行う必要があります。教師からの評価だけでなく自己評価（self-assessment）、友達同士の評価（peer assessment）も効果的です。

各教科の評価は「知識・技能」「思考・判断・表現」「主体的に学習に取り組む態度」の三つの観点で行います。２０２２年の高校入学生から観点別評価が入ってきました。現場の教員は評価規準作成に奔走しています。

「知識・技能」は語彙力、文法力などで数値化しやすいです。「思考・判断・表現」も記述式、アウトプット型の評価で数値化することは可能です。一番現場の教員が頭を悩ませていることは「主体的に学習に取り組む態度」をどう数値化するかです。

主体性の評価に関して著者は次のように考えます。

①行動主義的観点から評価する方法。授業の中、あるいはプレゼンテーションなどの発表の場で、その行動を見て評価する。
②プロセス重視の観点から評価する方法。論文などの発表、プレゼンテーションなど、その結果にいたるプロセスでの困難点を評価する。
③意志・意欲的側面を見て評価する方法。仮説を立て、検証するいわゆる仮説検証型の学びの評価。振り返り、目標を立て、見直し、再度仮説を立てる力などを評価する。

外国語の指導において「主体性」の評価は外国語の背景にある文化に対する理解を深め、聞き手、読み手、話し手、書き手に配慮しながら主体的に外国語を用いてコミュニケーションを図っている状況を評価することになります。

⑹　カリキュラム・マネジメントの重要性

カリキュラム・マネジメントの重要性が認識されています。カリキュラム・マネジメント導入の経緯を説明します。高度経済成長時代の日本では文部省がカリキュラムを作り、学校はカリキュラムを使う立場にありました。文部省と学校現場の協働作業が進みませんでした。

１９７０年代になると、学校現場のカリキュラムが学校の実態に即したものであるべきだとの声があがってきました。

１９７６年に学習指導要領にその声が反映されました。２０００年になると予測困難な時代を迎えました。学校で学ぶことにより「何ができるようになるか」「学んだあと、どんな力が身に付いたのか」が議論の俎上に上がりました。生徒も学校全体がどの方向を目指しているのか、その学校で学ぶことで自分はどのような力が付き将来像を描くことができるのか、生徒自ら学びをマネジメントする時代になりました。

マネジメントという語は幅広い意味があります。主要な三つの側面は、

①教科横断的な視点で目標達成のための道筋を組織的に配列する。
②調査や各種データ等に基づき教育課程を編成・実施する。
③人的・物的資源等を地域等の外部の資源を含め活用する。

カリキュラム・マネジメントとは「目の前の生徒を見て、自分の授業や学級経営をいかに変えていくか」という言葉に集約できます。「〜をつなぐ」という表現でカリキュラム・マネジメントは表現できます。

- 生活体験と言語（英語など）をつなぐ（学習）
- 単元をつなぐ（学びの文脈）

■教科をつなぐ（教科横断）
■生活をつなぐ（記録）
■一年ごとの期をつなぐ（単元）
■世界中の人をつなぐ（国際人）
■課題を分析し成果を次年度へつなぐ（評価）

学校独自のカリキュラムを作成するにはまず管理職が作成するグランドデザインの意図が明確であり、その学校の目指す方向性がはっきりしていることです。管理職が作成するグランドデザインは具体的でないといけません。各教科の教科内容を相互関係でとらえ、教科横断的な取り組みを勧めます。学校の目標到達のための道筋を組織的に配列します。

次に、教科内容の向上を目指し生徒の実態調査データを基に教育課程を編成します。その後、評価、検証します。

最後に、地域の住民の叡智なり、物的資源なりを活用し効果的に組み合わせます。

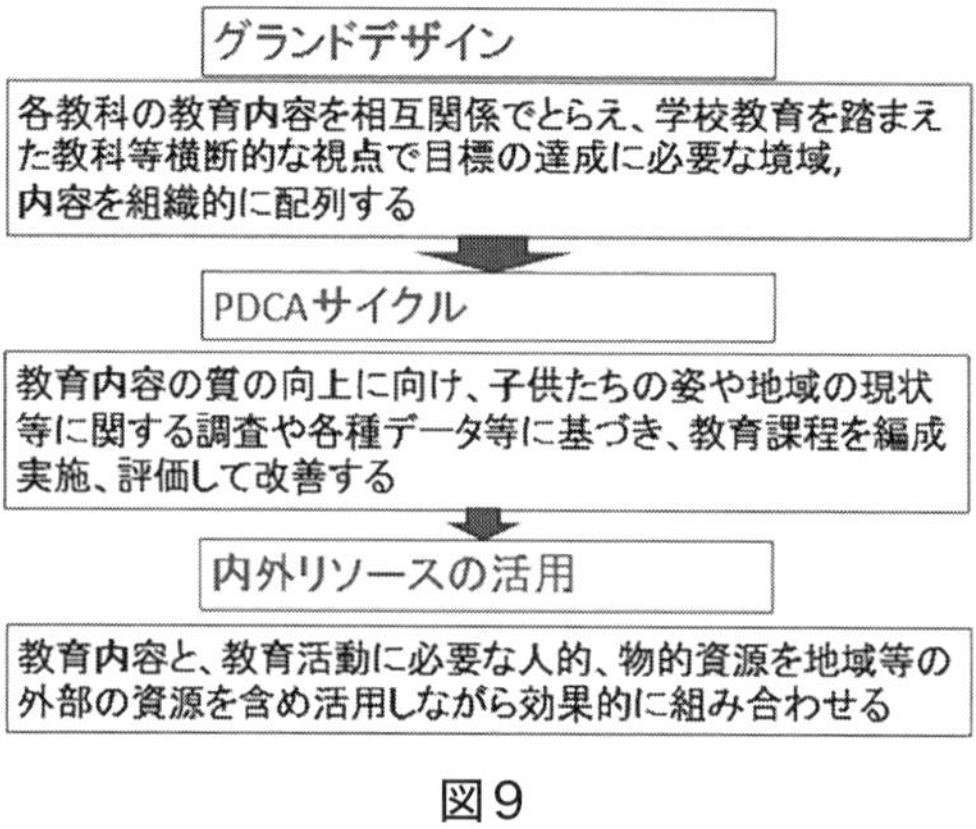
グランドデザイン
各教科の教育内容を相互関係でとらえ、学校教育を踏まえた教科等横断的な視点で目標の達成に必要な境域，内容を組織的に配列する
PDCAサイクル
教育内容の質の向上に向け、子供たちの姿や地域の現状等に関する調査や各種データ等に基づき、教育課程を編成実施、評価して改善する
内外リソースの活用
教育内容と、教育活動に必要な人的、物的資源を地域等の外部の資源を含め活用しながら効果的に組み合わせる

図９

DX時代の言語運用能力

ＡＩ翻訳、ＡＩ通訳機はどこまで進化するでしょう。言語学者で作家の川添愛はＡＩの限界について話しています。機械翻訳は原文と訳文を多く覚えさせます。ニュースや技術翻訳など範囲が限定している分野にとっては比較的正確な訳をこなします。しかし、ＡＩには推測能力がありません。たとえば「お疲れさまでした」をＡＩは「Are you tired?」と訳してしまいます。ＡＩは「人間がどう問題を解決しようとしているのか」理解できません。まして、相手の表情を見て、言葉を選ぶことにも限界があります。現段階で、イタリア語と英語の翻訳機はかなり精度が高いとのことです。

現代は噂や陰謀論がＳＮＳを通じてウイルスより速いスピードで拡散されています。噂の感染拡大は危機における極めて自然な副産物ですが、昔は少人数の間で広まるだけでした。それが今日では数時間のうちに何百万人にも届くようになりました。この現象をＷＨＯはインフォデミックと呼んでいます。

新しい情報、例えば新しい環境を渇望するドーパミン産生細胞が存在するということは、新しい情報を得ると脳は報酬を得られるわけです。**人間は新しいもの、未知のものを探しに行きたいという衝動がしっかり組み込まれた状態で生まれてくるとＷＨＯは分析しています。**

ビル・ゲイツは自分の子どもが14歳になるまでスマホを持たせませんでした。現在、スウェーデンの11歳児の98％が自分のスマホを持っています。脳は膨大な数の手順を同時処理するという、信じられない能力がありますが、知能の処理能力には限定された領域がひとつあります。それは集中です。私たちは一度に一つのことしか集中できません。

米国の研究では学生にＴＥＤトーク（ネットを通じて行われている動画の無料配信プロジェクト）を視聴させ、一部の学生には紙とペン、残りの学生にはパソコンでノートを取らせたところ、紙に書いた学生の方が講義の内容をよく理解していました。20代の若者およそ４０００人にスマホの利用習慣を聞き取り、その後1年にわたって観察を続けた研究があります。熱心にスマホを使う人はストレスを抱えています。電子書籍を読んだ人は、紙の書籍を読んだ人より眠りに落ちるまで10分余分にかかったと報告されています。

スマホを使う頻度を各年齢層で調べた複数の調査によれば、大まかに言って若いほどスマホを使う時間が長く、中学生が一番使っていました。英国ではロンドン、マンチェスター、バーミンガム、レスターにある複数の学校でスマホの使用を禁止しました。生徒たちは朝スマホを預け、学校が終わると返してもらう。その結果成績が上がったといいます。

アメリカの著述家であるニコラス・カーはインターネットと本は真逆の存在だと考えています。インターネットは深い思索を拡散してくれない、新しい情報とドーパミン放出を永遠に求め続けて表面をかすめて次から次へと進んでいくだけだと話しています。

この時代になぜ本を読むのか次のように考えます。

(1) 社会が急速に変化し複雑化している。不確実化している。今まで使えたロジックが通用しなくなっている。複雑化した社会の指針となる本を見つける能力が必要となる。

(2) 働き方が多様化している。テレワークなどが導入され自宅で仕事をする機会が増える。必然的に本を読む機会も増える。確な情報とは言いかねる。良書を読むことで人生の導きが得られる。

(3) 世代によって価値観やものの考え方が異なる。今はデジタルネイティブ世代の若者が学校などへ採用されてくる。多様な思考に慣れる必要がある。本を読むことで多様な思考、様々な人との会話が可能になる。言語運用能力は探究的読書から得られる。

アランは「人間は地上に生まれるのではなく、言葉のなかに生まれる」と言いました。現代はこの言葉が軽くなっているように感じられます。

著者を含め多くの人がＬＩＮＥやメールで言葉の意思伝達をしています。便利な手段が加わったことで、情報伝達方法が大きく変わりました。メールやＬＩＮＥで送られる言葉から「相手の心理をつかむ」ことが難しくなっています。情報だけを伝える言葉は時に人の心を傷つけ、誤解を招くことがあります。

ソシュールの言う「パロール」と「ラング」の境界線があいまいになっているのではないでしょうか。手紙などで自分の意思を伝えるとき、相手に誤解なきよう言葉の定義を意識しました。**手紙の言葉にはその人の思想がにじみ出ます。手紙、はがき、または電話だけが意思伝達の手段だったころ、自分の置かれた環境を意識して文章にし、電話でも話していました。**

「パロール」が正確な意味を伝え、それを包み込む大きな土台としての「ラング」がありました。言語運用能力は「深い学び」から習得することができます。

「深い学び」

「令和の日本型学校教育の姿」(中教審、令和3年9月27日)には、すべての子どもたちの可能性を引き出す教育の重要性が謳われています。それは「個別最適化された学び」と「協働的な学び」です。**ここでこの「個別最適化された学び」とよく似た言葉に「指導の個別化」と「学習の個性化」があります。こちらは教師の視点から整理したものです。「個別最適化された学び」は学習者の視点から整理された概念です。**

GIGAスクール構想の実現による新たなICT環境の活用、少人数によるきめ細かな指導体制の整備を進め、「個に応じた指導」を充実していくことが重要だと答申では述べています。

その際、「主体的・対話的で深い学び」を実現し、学びの動機付けや幅広い資質・能力の育成に向けた効果的な取り組みを展開し、個々の家庭の経済事情等に左右されることなく、子どもたちに必要な力を育むことが大切であると書かれています。

ここで「深い学び」について、定義しておきます。授業を受けていて、生徒がわかった瞬間目が輝きます。**「わかる」とは自分にとってわからないところがわかることです。先生からの問いかけ、自分自身への問いかけが重要になってくるのです。**

生徒は授業から、あるいはインターネットを通してたくさんの知識を取り入れていきます（内化）。生きた知識とは知識の概念化です。その知識を使って自分の考えを表明することです（外化）。

深い学びとは単なる知識の伝達ではなく、生徒の心の中、あるいは頭脳の中で知識の概念化が生じる授業です。教育における構成主義の考え方が生きてきます。つまり、

(1)　知識は、一方的に教師から学習者に伝えられるものではなく、**学習者が主体的に創り出すものです**。ペアワークなど協働活動は有効です。

(2)　学習とは学習者が「既知」と「未知」との葛藤や調節という相互作用を経ながら**「既知」を組み替えていくこと**なのです。

児童・生徒は次のような場面で学びへの意識が高まります。

(1)　**授業内容が有意味だと理解した時。**その授業はどんな内容で、なんのために学ぶのか

意味、関連性が理解できた時。

(2) **児童・生徒がそれぞれ持っている自分の考えを表明し何らかの反響があった時。** グループワークの良い点は自分の意見を自由に発表できる点です。発表することで帰属意識も高まります。

(3) **ペアワークなど、友達に教えたり友達の考えを受け止めたりする時。**

こうした学びを実践するために、旧来の知識伝達式の授業形態を改める必要があります。英語の授業の最初にHow are you? と紋切り型の質問でbreak downしている授業が多く見受けられます。生徒は決まって、I am fine. かI am tired. と条件反射のように答えるでしょう。時には、How did you spend your weekend? You look tired. What time did you turn in last night? のように条件反射では答えられない質問をすると良いでしょう。

ここでいくつかのアクティブ・ラーニングを紹介したいと思います。

アクティブ・ラーニングの種類

知識構成型ジグソー法：後ほどやり方を詳述します。

Note-Taking Peers：パートナー同士それぞれ違った内容のノートを見せ合い良い内容のノートを作成する。

Learning Cell：読書課題やその他の課題について自ら考えた質問をパートナーに投げかけ、その後理解を確認するために小テストをする。
Fish Bowl：同心円を作り、内側の学生がトピックについて話し合い、そのやり取りを外側の学生が観察する。良かった点、課題などを報告する。
Test Taking Team：グループで試験勉強をする。一人ひとりが試験を受けた後、同じグループで再度試験をする。
Role Play：自分とは異なる人物を想定し、ある場面でその人を演じる。

話し合いの手法としては次のようなアクティビティがあります。

思考・ペア・シェア：少しの時間個人で考え、その後パートナーと話し合い、お互いの回答を交換する。
Round-Robin：一人ずつ順番に自分の考えを話す。
Buzz Group：科目内容に関係したテーマを小グループで話し合い、意見をまとめる。
Token Tips：一人ずつ自分の意見を表明するごとにTokenを出す。
三段階インタビュー：まずペアでお互いにインタビューをする。次にパートナーの意見から自分が発見した内容を他のペアに報告する。

批判的Debate：ある問題に対し、自分の意見と異なる立場から議論する。

問題解決の技法を取り入れたアクティビティは次のようなものがあります。

TAPPS（Think-Aloud Pair Problem Solving）：パートナーに対して自分の思考過程を声に出し発表し、パートナーと意見を交わしながら問題を解決する。

問題解決伝言ゲーム：グループとして一つの問題に対して意見を交わしながら解決する。その問題といかに解決したかを隣のグループに伝える。次々にそれを他のグループへ伝達し最終的に解決案を評価する。

事例研究：現実世界にある出来事を分析、検討しそこから生じるジレンマを解決する。

構造化された問題解決：問題解決のために構造化されたフォーマットを使う。

次にジグソー法のやり方を説明します。

知識構成型ジグソー法のすすめ

ジグソー法は1971年、Elliot Aronsonが考案しました。知識構成型ジグソー法と呼ばれる技法が導入されるいきさつを紹介します。Aronsonらは生徒たちを同じ目標に到達させるようにいろいろな手法を試していました。その結果「ジグソー学級」と呼ばれる技法を発明しました。これは、研究者の想像をはるかに超えて効果がありました。知識構成型ジグソー法の導入が子どもたちの間の対立や偏見を和らげることに成功しただけではなく、他の教育上の利点も広範囲に生み出しました。

エキスパート活動

- ■クラス全体を３から４人のグループに分けます。
それぞれのグループにそれぞれ異なった内容の課題を与えます。
- ■その課題を英語あるいは日本語で話し合います。
自分の意見をしっかり主張し、メモを取っておきます。

ジグソー活動

- 各エキスパートグループから一人ずつ出て新たなグループ、ジグソーグループを作ります。
- ここでは自分たちで話し合った課題を示し、話し合った内容を仲間に英語あるいは日本語で説明します。
- ここで、information gapが生じるため、グループの他のメンバーは必ず何らかの言語活動（発話）をすることになります。

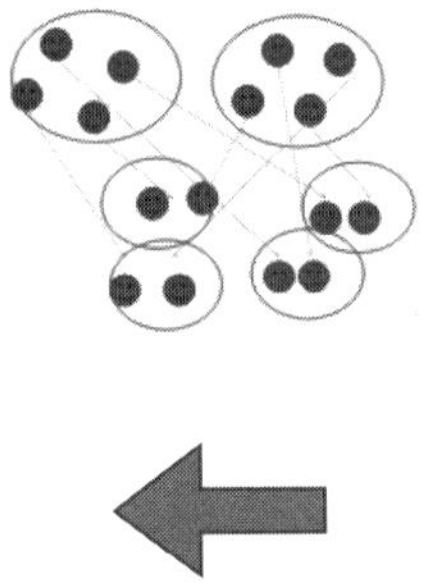

Cross Talk

- 各自自分の席に戻り、話し合いの結果、何がわかったか、発表します。
- この活動を通じ、自分がどのように変容したか記録します。

先生の役割
■あくまでfacilitator（手助けする人）に徹する。
■机間指導をしながら生徒の質問に答える。
■それぞれの活動時間を指示する。
■主役はあくまで児童・生徒である。

ジグソー法で身に付く力
発想力　↓皆の意見をまとめる力
集合知の構成　↓対話から一人ひとりの学びが深まる
開いた知識　↓協調学習をやる中でお互いが力を伸ばしあう
自己有用感　↓自分が学びの中にいる、自分の発言が他に影響を与えているという実感、少人数のグループ学習だからこそ可能
学びの自覚　↓学びを振り返り、学びを自覚

新学習指導要領の改訂をうけ、大学入学共通テストの内容も大きく変わってきました。外国語（英語）では次のように変わってきました。

(Reading)

▪指示語がすべて英語になった。

▪複数の資料、発話から情報を比較・統合し筆者（話者）の意図を誤解なく把握する力を見る。

▪賛成の立場と同時に反対の立場にたって読むクリティカル・リーディング（シンキング）の力を見る。

▪事実文と意見文を見極める問題が出題された。

▪テキストを読み事実や意見を整理する力、テキストの構成を理解する力、内容を理解し要約する力を見る。

(Listening)

▪6問中、4問が読み上げ回数1回だった。民間の試験の読み上げ回数は1回が主流。

▪米国英語以外の読み上げ、英国人、日本人らしき人の読み上げがあった。

▪複数の情報を比較して判断する力、議論を聞いて要点を把握する力を見る。メモを取る力が必要。

DX時代になり、東京都では2023年から高校入試にスピーキングが導入されます。『新しい時代の高等学校教育の在り方ワーキング・グループ』の提案を受け、東京都教育委員会は大きく変わります。

東京都教育員会は２０２２年４月から各都立高校のschool missionを発表します。これはこれからの時代をどのように進むべきか道筋を示すもので、校長が変わっても変わりません。

それを受け各都立高校はschool policyを立案します。それには、

１　Graduation policy：その学校の卒業時どのような生徒を育成するか。

２　Curriculum policy：その学校でどのようなカリキュラムを展開するか。

３　Admission policy：入学する生徒にどのような資質・能力を要求するか。

があります。ＤＸ時代になり新幹線から風景をながめるように、教育現場の変化がスピーディーになっています。

第5章

教育は人格の陶冶

一生の営みは「欠け」の満たし

コロナ禍になり、従来の価値観では判断できない時代が到来しました。教育現場にはオンラインと対面式授業のハイブリッド化が求められています。

予測できない未来に向け、未来からの使者である児童・生徒は歩き始めます。彼らが活躍する２０３０年から２０４０年は第４次産業革命の時代で、進化したＡＩが人間の職業を代用すると言われています。

コロナ禍で「教育は人格の陶冶である」という言葉の意味を考えていました。**人は教育を受けることによって生命への畏敬や他人への洞察心を身に付けます。**こうした能力はＡＩにありません。

人格の陶冶は個と個とが切磋琢磨する中で身に付きます。オンラインだけの学びでは限界があります。知識伝達型のオンライン授業に対し、**教師は教室という場で勝負することになります。ますます教師としての力量が試されます。**コロナ禍により、真の教育の意義を再考する機会が得られました。真の教育とは、〈生き生きとした観念〉による教育、つまりただ単に知識を詰め込むだけの教育ではなく、その知識を使って社会のために何ができるか自分自身に問う態度が求められます。

「教育は変わること」と言われます。今いる中学生、高校生が社会に出て活躍する時代は明日の事がまったく予測できません。**予測できないから不安に感じるのではなく、予測できないから人生を楽しむ余裕が欲しいものです。**人生における不可知なるものを認め、不可知なるものとの出会いを楽しむのです。情報化社会の今日だからこそ、機械が持たない不可知なるものの価値が増すと思います。

ニューヨーク市立大学大学院センター教授、キャシー・デビッドソンは、２０１１年にアメリカの小学校に入学した子どもたちの65％は、彼らが大学を卒業する頃に、今は存在していない職業に就くだろうと予測しました。

キャシー・デビッドソンは伝統的な学びのスタイルを捨て、コンピューターをどんどん教育現場へ投入せよとは言っていません。逆に、**伝統的な学びへの復帰を呼びかけています。**未来のことは誰もわかりません。わかることは、確実に今ある職業のいくつかはコンピューターに代用されるということです。目先の流行や利益に囚われないことです。

一生の営みは「欠け」の満たしのようなものです。人は生まれたときは未完成な存在です。時の流れの中「欠け」つまり自分の不完全な人格を完成に向け形成していくのです。この歩みを止めたとき、「欠け」は「欠け」として残り、自分は堕落したと感じます。「欠け」を満たすため、理性の力を増す必要があります。理性の力を増すためには沢山の本を読むことです。ただ読むのではなく、むさぼるように多読するのです。

多読するには閑暇、つまり暇を見つける必要があります。**閑暇を見出すことにおいて賢明になる必要があります。人生は限りあるものと意識し、無為な時間を過ごさないことです。**

「開かれた学問」

コロナ禍で通信教育の人気が高まりました。オンデマンド配信が定着し、児童・生徒は自分の好きな時間に自分の好きな教科をインターネットで学びます。

彼らが生きる社会はあらゆる国の、あらゆる思想、信条の人々と付き合っていくことになります。**彼らに求められる資質・能力は「地球人としてのコミュニケーション能力」、そして「生を感じる力」です。**

生を感じるには理性の力が必要です。理性の力をつけるには、集団の中で自分自身が獲得した知識を闘わせる「開かれた学問」が必要です。自分の部屋に閉じこもり、好きなことだけをして過ごす「閉じた学問」では身に付きません。

ＯＥＣＤのＰＩＳＡ調査委員会は、今の子どもたちが成人に達する２０３０年頃には、ＯＥ

ＣＤ加盟国30カ国において、労働市場全体に占める生産労働者の割合は多いところでも10％、少ないところでは４％程度に減ると分析しています。

高度知識社会では生産経済の社会と異なりモノやモノの生産が市場経済の中心になるのではなく、知識や情報や対人サービスが市場経済の中心を形成すると予測しています。

日本の将来を考えることは、これから生まれてくる日本人、将来の日本を支える児童・生徒を中心に考えることです。つまり、広義の教育を考えることです。産業構造が大きく変化していく今日、国民一人ひとりが自立し、各自が課題を見つけ、それぞれが解答を見出していく時代です。成熟社会が到来した今日、教育の重要性は増しています。激しく動く現実社会とのかい離を埋めるべく教師の思考は柔軟であるべきです。

生徒の心に届く教育の重要性が叫ばれます。知恵ある国家を創設するためには知恵ある国民を育てる必要があります。知恵ある国民を育てるためには「良い学校」を創る必要があります。**「良い学校」とは自分自身を活かしてくれる学校です。「良い学校」とは高次の普通教育を施す学校です。**

２０１３（平成25）年の夏、参議院選挙の投票率は52・６％で戦後３番目の低さでした。２０１５（平成27）年公職選挙法等の一部を改正する法律が成立し、公布されました（平成28年６月19日施行）。今回の公職選挙法等の改正は、年齢満18年以上満20年未満の者が選挙に参加することができることとされています。

図10をご覧ください。2021年の第49回衆院選でも18歳、19歳の投票率は伸びませんでした。

元デンマーク大使の佐野利男氏によると、人口560万人で、国土はほぼ九州と同じデンマークにも18歳から選挙権がありますが、日本との大きな違いは投票率が80%を超えるとのことです。

ハンナ・アーレントの『思索日記』には「政治」は現われであり、「政治」に関する限り、《現われ》こそは、「人間を複数として包括する概念」であり、「人間の尊厳」を「保証」するための装置であると書かれています。

「変わらないこと」「変わること」

2018年7月、OECDのシュライヒャー教育・スキル局長は林芳正文部科学相（当時）に日本の教育政策レビューを手渡しました。レビューは、日本の教

	2016年	2017年	2019年	2021年
	第24回参院選	第48回衆院選	第25回参院選	第49回衆院選
18歳、19歳の投票率	46.78%	40.49%	32.28%	43.01%
全体の 投票率	54.70%	53.68%	48.80%	55.93%

図10　10代の投票率は43%

政府統計を基に著者作成

育制度が成功している大きな特徴として、全人的学びを効果的に行っている点を挙げています。
俳諧に「不易流行」という理念があります。全人教育はこの不易、つまり「変わらないこと」に当たるものですが、現在、日本の教育は流行、「変わること」に重きを置いた改革が進行しています。**知力だけではなく人間性の育成も目指す全人教育は、その守備範囲の広さゆえ教える側に負担を強います。働き方改革などを受け、日本の教員は「教えること」に特化する方向に向かっています。**

著者は舎監長として全寮制教育に携わり、生徒の変貌ぶりを体験しました。中学校時代いじめにあった子、逆にいじめてきた子も一緒に寮生活を送ります。

寮生活においては、いじめはすぐに発覚します。いじめ防止には、それを絶対に許さない社会の目が必要です。生徒らは、家族以外の人間と寝食を共にする生活を通じて、感情を「抑制」する術を身に付け、変貌していきます。

そうした彼らの姿を目のあたりにする教員もまた、生徒とともに成長を遂げていきます。著者が勤務した学校では、新規採用教員の多くが24時間教育に従事しました。現在、公立の全寮制学校を創設するには学校教育法という壁を超えなければなりませんが、それ以上に難しいのは意欲ある教員の確保でしょう。十分な教育予算も必要です。

公教育の私事化に伴い、教育の成果を数値で測る時代になりました。しかし裏を返せば、数値化できない学力は判断基準から外れてしまいます。全人教育で育もうとしているものは、こ

の数値化できない学力ではなかったでしょうか。また、有能な人材が教育界から離れていきつつある現状も問題です。２０２１年度、公立小学校の教員採用選考の平均倍率は２・７倍で、毎年低下しています。

無用の用

ＯＥＣＤ国際教員指導環境調査（ＴＡＬＩＳ）結果（２０１３年）によると、世界各国の教員に比べて日本の教員は勤務時間が長いことがわかります。その調査結果の中に「校長の仕事に対する満足度」が報告されています。ＯＥＣＤ平均の94・５％に対し、日本は59・８％でした。

著者自身、２校の校長を経験しましたが、教員不祥事に対する研修や事後処理で心身ともに衰弱しました。教員を取りまく社会的背景の変化について言及したいと思います。

最近、世人の口の端に上ることが少なくなった言葉を拾ってみました。死語となりつつある言葉から社会の価値観の変遷が見えてきます。

瀬戸内寂聴はある雑誌に書いていました。日本には聖職者がいなくなった。戦後、アメリカ占領政策もあり、日本の古いもの、伝統的なものはなんでも悪いということになってしまった。彼女の言によると、日本は精神的なものまで戦争に負けたのです。

教育は人格の陶冶です。お金持ちを目指す人は教員にむいていません。優秀な人材を育てることがより良い未来を造ることにつながります。**優秀な人材とは「公人」の謂いです。公人を育てる意味で教師は聖職者です。聖職者は良心の人です。**

良心とはどのように定義できるでしょうか。人は社会的動物です。人は社会の中で生かされています。**「自」と「他」の関係、つながりを常に意識する生活から良い習慣が生まれます。現実の自分と理想としての自分とのかい離を意識しつつ、毎日を積み重ねる人は良い習慣を身に付けた人です。悪の誘惑に対し抑止力を備えた人です。良心を育んだ人です。**

教師とは幅広い知識の持ち主であるべきです。「学校」（スコレー）は本来ギリシャ語で「閑暇」を意味します。今、学校現場から「無駄」「暇」「遊び」がなくなっています。中学校では高校受験があり、高校でも無駄な時間はありません。「無用な知識」の積み重ねが人間の幅を造ります。この場合、無用ということは功利的ではないという意味ではありません。**荘子の「無用の用」の無用をさします。つまり、専門を超えた幅広い教養の謂いです。**

第6章
ＤＸ時代を生きる子どもたち

気づきを促す

最近英語教授法の世界で注目を浴びてきたコンテント・ベース（Content-based Instruction：ＣＢＩ）の指導法について紹介します。アメリカでは英語を第二言語として学習する児童・生徒にとって、英語だけを学んでいても意味がないわけで、英語であらゆる教科内容を学ぶ必然性が生じてきました。

高等教育ではコンテント・ベースの教授法が取り入れられています。しかし、初等・中等教育レベルになると指導者の英語力と児童・生徒の英語の理解力がないとなかなか実現しません。一部、ＩＢコースのある高校などではコンテント・ベースの授業を展開しています。日本の英語教育がGlobal Literate English（世界共通語としての英語）の力をつける上でＣＢＩは目指すべき方向です。教師の英語力をつけることが先決です。

Global Literate Englishを習得する上で、ＣＬＩＬ（Content and Language Integrated Learning）の教授法も紹介しましょう。特徴として四つのＣを統合的に学ぶ方法です。それらはContent

（内容）、Communication、Cognition（思考）、Community（協学）です。ＣＬＩＬの特徴は、

- 内容学習と語学学習は1対1の関係である。
- Authentic（真正）な教材を使う。たとえば新聞、雑誌、ウェブ記事など。
- 文字だけではなく音声、数字などで理解する。
- 様々なレベルの思考力、例えば暗記、理解、応用、分析、評価、創造力などを学ぶ。
- タスク（課題）を多く与える。
- ペアワーク、グループワークなどの協働学習が基本となる。
- 異文化理解や国際問題の要素を入れる。

Krashenの理論によると、学習者の理解のレベルを超えたインプットを理解する機会を十分与えることでＳＬＡ（第二言語習得法）を促すことができるといいます。

さらに、Swainは学習者が第二言語でアウトプットすることによって自分の間違いや、自分には表現できないことがあることに気づくことができると言っています。さらに、アウトプットすることによって、自分の発話の正しさを確認し、修正することもできると言われます。**アクティブ・ラーニングは「気づきを促すこと」と集約できます。**

創発

２０１４（平成26）年6月、内閣府は「平成25年度（２０１３年度）我が国と諸外国の若者の意識に関する調査」結果を公表しました。調査対象は、日本、韓国、アメリカ、英国、ドイツ、フランス、スウェーデン（計7カ国）で、各国満13歳から満29歳までの男女を調査対象としました。

日本は自分自身に対する満足度が他国に比べて低く、特に国際的視野に関してはアメリカ、ドイツに比べかなり低い数値となっています。

こうした日本の若者の現状を受け、教育現場において「21世紀スキル」を身に付けさせる教育の重要性が叫ばれるようになりました。

「21世紀スキル」に関して各界でそれぞれの見解を示しています。

まずはＯＥＣＤのDeSeCo（Definition and Selection of Competencies）が提唱する「21世紀スキル」（key competency）は次のようになっています。

- 社会的・文化的・技術的ツールを相互作用的に活用する能力
- 多様な集団における人間関係形成能力
- 自律的に行動する能力

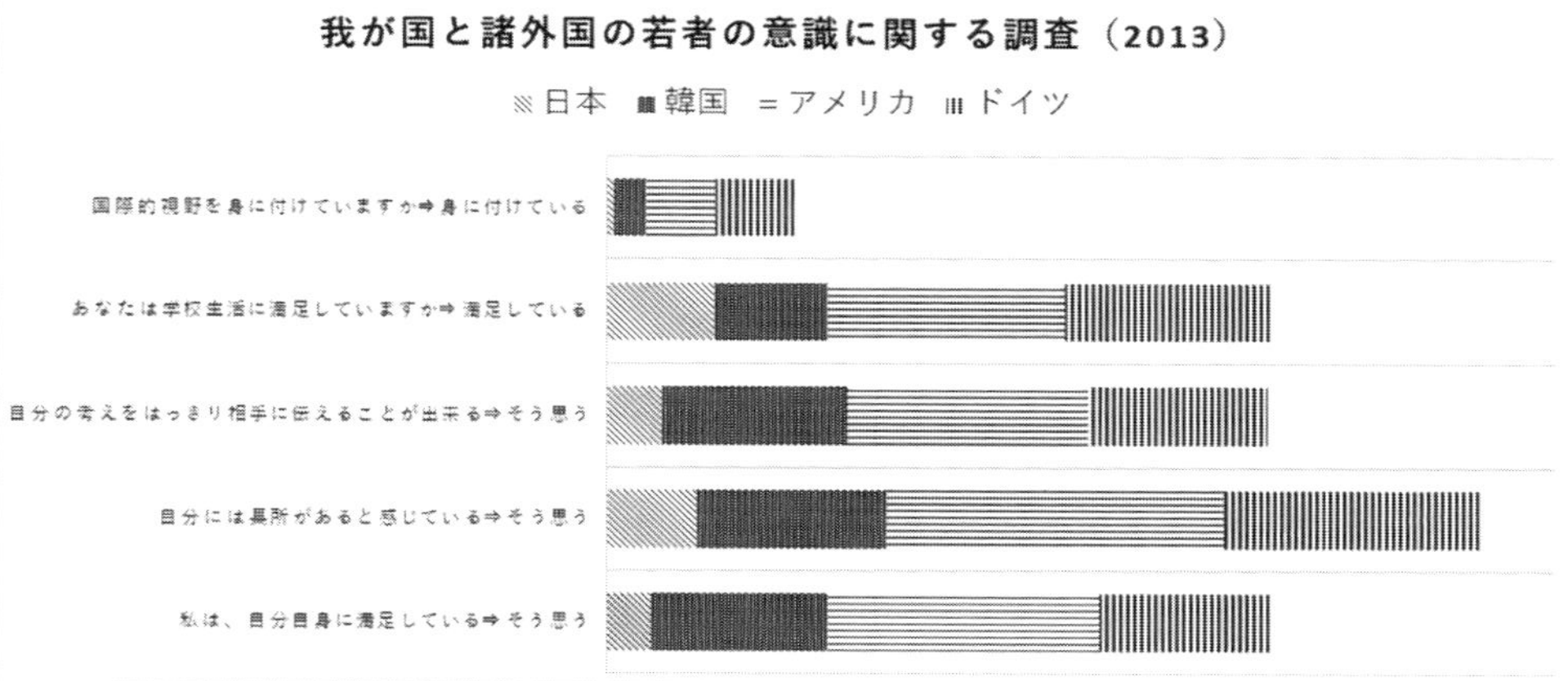

	私は、自分自身に満足している⇒そう思う	自分には長所があると感じている⇒そう思う	自分の考えをはっきり相手に伝えることが出来る⇒そう思う	あなたは学校生活に満足していますか⇒満足している	国際的視野を身に付けていますか⇒身に付けている
日本	7.5	15.2	9.3	18	1.4
韓国	29.7	32.1	31.3	19.3	5.2
アメリカ	46.2	57.2	40.6	40.3	11.9
ドイツ	29.1	43.6	30.5	34.8	13.5

図11

内閣府の資料を基に著者作成（%）

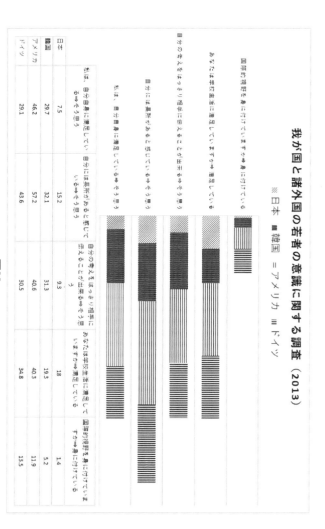

「21世紀スキル」に関してP・グリフィン他は次のように定義しています。

■個人の達成よりも、共同体としての知識の発展
■正当化された信念よりも、アイディアの向上としての知識の発展
■何かについての知識ではなく、何かが分かる（できる）知識
■討論よりも協調的問題解決としての対話
■信頼できる情報の建設的利用
■創発としての理解。組織論の創発として、各個人が能力を組み合わせ、創造的な成果を生み出すことができるという意味である。

米国コロンビア大学、Teachers CollegeのWilliam Gaudelli教授はGDP（国内総生産）の南北格差などの地球規模での課題を各国の専門家が知を結集し、この地球全体の平和、未来を考えることが「21世紀スキル」であると言います。

2015年、下村博文文部科学大臣の時、『2030年に向けた教育の在り方に関する日本・OECD政策対話』（Education 2030）が開催されました。会議の趣旨として「新しい時代にふさわしいカリキュラムや授業の在り方、アクティブ・ラーニングをはじめとした学習・指導方法、学力評価の在り方等に関して、文部科学省・OECD双方のハイレベルスタッフによ

り意見交換を行う政策対話を実施し、本プロジェクトに包括的な方向付けを与えることとする。」と報告書に書かれています。

具体的な活動内容として「Education 2030事業については、知識・スキル・人間性(character)を一体的に捉え、これからの時代に求められるコンピテンシーについて、４年間（２０１５－２０１８年）で検討する計画である。本取り組みにより、知識・スキル・人間性（character）への重点の置き方が異なる各国のカリキュラムの在り方の、国際比較も計画する。」とあります。

21世紀を生きる子どもたちにどのような教育を施すかＯＥＣＤ各国で研究を始めています。日本もＯＥＣＤとの連携のもと、21世紀を支える人材の育成に着手したのです。

この会のメンバーであるシニア政策アナリストの田熊美保は日本のみならず、ＯＥＣＤ各国が抱える21世紀の教育課題として次の五つを挙げています。

①「カリキュラムオーバーロード」の問題。環境が必要だから環境リテラシー、金融が重要だからと言って金融リテラシーと学ぶべきことがどんどん増えていく。カリキュラムオーバーロードに至っている。

②現状のデマンドに基づいてカリキュラムを考えるのではなく、未来からのデマンドに基づいて本当に必要な知識、コンピテンシーを見直すカリキュラムの整理が必要である。

③相乗的カリキュラムの実践が必要。つまり、知識とコンピテンシーとを相乗的に学べるカリキュラムが必要である。日本の「総合的な学習の時間」はＯＥＣＤ各国から評価されている。高校の「総合的な学習の時間」は受験指導があり、時間がとれない学校が多い。

④assessment（評価）に関する課題。知識とコンピテンシーとの相乗効果を図る授業を実践したとしてもその成果は従来のテストでは測れない。

⑤「学校の外での学び」、教育を学校だけで完結させず、家庭や地域にまでその範囲を広げていく。

理想的な学校像

What School Could Be（理想的な学校）の著者である、テッド・ディンタースミスは効果的学びの原理としてＰＥＡＫを提唱しています。ＰＥＡＫとはPurpose, Essentials, Agency, Knowledgeの頭文字を取っています。

テッド・ディンタースミスは50州を精力的に歩いて回り、理想の教育を実践している学校の取り組みを*What School Could Be*の中で紹介しています。

彼はアメリカ合衆国が抱える教育上の課題とその解決策について次のように提案しています。

①不易なるものを尊重する伝統的な学校は可能性を秘めている。これらの学校は予測できない未来を生きる人材育成に適している。これらの学校のカリキュラムは伝統的な人間育成と未来を切り開く人材育成に分かれている。
②児童・生徒が自分の学校をなにより愛していて、ＰＥＡＫ教育論を教育目標として掲げ学校運営をしている学校は理想の学校である。
③明確な教育目標、たとえば難関大学合格を掲げている学校は理想の学校である。
④保護者はあまり学校運営に口をはさむことなく、児童・生徒の自主性を尊重している学校は理想の学校である。
⑤公平性を尊重しすぎるあまり、児童・生徒が高き目標にむけて意欲がそがれてしまう。真に学びの意欲が高い子には多くを与える必要がある。
⑥表面的な数字で児童・生徒を評価していると、児童・生徒の潜在能力を殺してしまう。
⑦なんでも新しいことに着手して、不易である伝統的な学びを軽視している学校は理想の学校とは言えない。
⑧古き学びから光るものがあればそこをヒントに新たな学びへと発展させる学校が理想の学校である。
⑨子どもを育てるのに地域の協力が必要である。
⑩高等教育は人間育成の場である。しかし、理想的な高等教育のモデルがない。

現代の寺子屋

『江戸の教育力』の著者、高橋敏によると、寺子屋が近代日本の知的教育の基盤を作ったと言います。江戸時代、寺子屋は日本中にありました。日本中の6万余りの村数くらいあったと言われます。子どもたちは学ぶことの喜びを体験していました。**寺子屋がこれほど多くあったということは村中に教えたがり屋がいっぱいいたということです。**

なによりも驚くべきことは、当時、文書が、幕府の統治する北は蝦夷地《えぞち》から南は琉球《りゅうきゅう》まで「御家流《おいえりゅう》」という書体で統一されていたことです。その結果、**江戸時代は、御家流の読み書きと算盤が必須の文字文化を前提とした社会となったとのことです。**

江戸の教育力で優れていた点は、社会全体で子どもたちを「一人前にする」という考えでした。著者が生まれ育った長野県の伊那谷では、この村全体で「一人前にする」という風習がありました。成長の各期にそれぞれ儀式があり、村中で子どもの成長を祝いました。

「一人前」は今でいう「立派な社会人」と同じ概念でしょうか。そもそもこの**「社会人」という意識は日本的なもので、英語で「社会人」を表す適当な訳が見当たりません。**

村中に寺子屋がいくつもあり、村中に文人が何人もいたということです。彼らは熟成してきた儒学精神を自分なりに理解し、自分の思想としました。地方文人にとって『論語』はまさに聖書のようなものだったと言われます。**農民、商人がそれぞれの解釈で『論語』を読みこなし、**

寺子屋で子どもの教育にあたりました。

『論語』というスタンダードな教材をもとに、日本中で教えたがり屋たちが子どものしつけから教養まで教えました。**ＤＸの時代はまさに誰もが先生になれる時代です。オンラインが普及し、児童・生徒はどこにいても、自分の好きな授業を、好きな時間に好きな場所で受けることができます。**

授業を展開しているユーチューバーがいます。小学生から高校生までを対象に授業動画を配信し、数多くの児童・生徒がアクセスして学んでいます。著者も何度か授業の様子を見ました。問いかけに一切の無駄がなく、板書も明解です。英語の指導で若干不安な点もありましたが、多くの若者を引き付ける話術がすばらしく、その人は高校時代の数学の恩師から影響を受けたそうです。

ＤＸ時代に教師を専門として生きていく人は教えることを天職（calling）と考える気概が欲しいものです。日本の教育を元気にするには、日本中に教えたがり屋を増やすことです。現代版寺子屋を日本中に増やすことです。

第7章　ＩＢ教育と21世紀型学校像

政府はグローバル人材育成のための政策を打ち出しています。まず、２０２０年までに30万人の外国人留学生の受け入れを計画していました。全国の選ばれた高校をスーパーグローバルハイスクール（英語に特化）に認定しました。２０２０年までに海外への大学生の留学を6万人から12万人に倍増させることを計画していましたが、こちらも計画通りには進展していません。

英語教員の英語力強化のため、２０２０年まで中学校の50％、高校の75％の教員にTOEFL iBT 80点程度以上の英語力をつけさせるべく計画していました。２０１８年までに国際バカロレア（ＩＢ）認定校を全国に２００校設置を進めてきました。日本語でＩＢを運営することができ、各地にＩＢ認定校が誕生しています。

ＩＢの教育理念は21世紀型学校像を実現する上で参考になります。ここではＩＢ教育について触れてみたいと思います。

ＩＢの教育理念

ＩＢ（国際バカロレア）は１９６８年、スイス・ジュネーブでＮＰＯとして発足しました。もともと国際的な教育環境で学ぶ生徒に大学進学への道を準備する中等教育修了資格を用意する機関でした。

１９９８年に東京学芸大学の西村俊一他により先行研究がなされています。それによるとＩＢの目的として「全人教育」（the education of the whole person）が強調されています。その内容は、

(1)　いかなる職業、いかなる学科専攻にも必要な「道具」（tool）の利用法を習得させる広範な一般教育の必要性。

(2)　できるだけ柔軟に科目を選択させ、生徒の興味や能力に応えるようにし、同時に均衡のとれた教育を確保させる。

とあります。

IB Mission Statementによると、ＩＢの使命は、「多文化に対する理解と尊敬を通じて、平和的でより良い世界の実現のために貢献する探究心、知識、そして思いやりのある若者を育成す

る。この目的を達成するために、本機関は世界中の学校、政府そして国際機関と連携し国際教育プログラムの開発と厳正な評価方法開発の念を惜しまない。

本機関は世界中の児童・生徒に対し、行動的で他人に対し洞察心をもち、さらに生涯学び続ける人になるよう働きかける。そうすることにより、児童・生徒は自分とは異なる思想・信条の人々に対しても理解を示すことができるのである。」と書かれています。

ＩＢの教育理念として西洋型エリート教育というより、国際的標準知（global competency）の獲得と世界のリーダーとなるべき人材の育成を主眼としています。

教育再生会議の提言を受け文部科学省は、一部日本語で教える国際バカロレアプログラム（日本語ＤＰ）の開発、導入を進め２０１８年までに推進校を２００校指定すると発表しました。

ＩＢの学習者像は「探究する人」（Inquirers）、「知識を求める人」（Knowledgeable）、「深く考える人」（Thinker）、「コミュニケーション能力のある人」（Communicators）、「信念を持つ人」（Principled）、「狭い考えにとらわれず心が広い人」（Open-minded）、「思いやりのある人」（Caring）、「挑戦者」（Risk-takers）、「バランス感覚のある人」（Balanced）、「思慮深い人」（Reflective）、とあります。

世界約１５９カ国、５５００校がスイスに本部を置くＩＢ機構によって認定校にされています。日本の学校卒業資格の得られる1条校（学校教育法第1条に規定されている学校）に多数認定されています。

ＩＢの教育課程

教育課程の構造は、「国際バカロレア規約」（General Regulations）の第2条に規定されています。概要は次の通りです。

Ａ　６科目の概要

⑴　語学Ａ（第一言語）：世界文学を含む

⑵　語学Ｂ（外国語）：言語修得法、または別の語学Ａ

⑶　人間学：（次の中から1科目選択）哲学、心理学、社会人類学、歴史学、地理学、経済学、組織学

⑷　実験科学：（次の中から1科目選択）生物学、コンピューター科学、化学、デザイン工学、環境システムと社会

⑸　数学：数学の計算、数学研究、高等数学、コンピューター科学

⑹　選択科目

(a)　芸術科目：ダンス、音楽、映画、劇、ビジュアルアーツ

(b)　上記グループ(1)〜(5)の科目の中から1科目選択

B　その他の科目

(1)　6科目の中から1科目を選び、研究を進め4000語以内の論文を完成する。

(2)　TOK「知識の理論」(Theory of Knowledge)

(3)　CAS (Creativity, Action, Service)：スポーツ活動、奉仕活動

「知識の理論」はIBの教育課程の中で特徴的な科目の一つです。「知識の理論」はフランスのバカロレア試験の必修科目である「哲学」をベースに考案されました。日本の後期中等教育では選択科目が多く、専門の教科にばかり特化した学習になりがちです。その対極にあるのが「知識の理論」です。教科横断的に知識を身に付けることが要求されます。「知識の理論」では「どのようにその知識を獲得したらいいのか?」(How do we know?)が常に問われます。いわば「探究型」授業です。

教育課程の中で「知識の演繹的な性質」(interpretative nature of knowledge)を学ぶ時間として位置づけられています。

ＩＢ国際教育プログラムの概要

ＩＢが求める「学力」は国際標準知です。国際標準知は「21世紀型能力（twenty- first century skill）」とも言い換えることができます。この能力はＩＢが準備する「国際教育プログラム」を通じて身に付けられます。ＩＢは「国際教育プログラム」の概要を次のように記しています。

- 異なる文化、言語、信条の人々が共存できる地球市民を育成する。
- 自分の属する国に対するアイデンティティ、それに自国文化を意識する態度を涵養する。
- 世界中の人々に対する普遍的な愛を育み、それに対する理解力を涵養する。
- 学びに対する喜び、発見に対する喜びの気持ちを高めるための好奇心、探究心を涵養させる。
- あらやる分野、領域にわたり、グループ、あるいは個人で知識の探究をすすめることのできるスキルを身に付ける。
- 自分の属する国で必要な理論や知的関心を求め、世界中に共通する普遍的な知を提供する。
- 教育現場での多様な教授法、柔軟な教授法を勧奨する。
- 国際水準の評価規準を提示する。

ＩＢは生涯を通じ教えることの連続性、一貫性を強調しています。ＩＢが施しているカリキュラムを紹介します。

▪初等教育プログラム（ＰＹＰ）３歳〜12歳、全人教育
▪中等教育プログラム（ＭＹＰ）11歳〜16歳、５年間、高度な教育内容と生きる力（スキル）を育成
▪ディプロマ資格プログラム（ＤＰ）16歳〜19歳、２年間、大学入試直前プログラム
▪ＩＢキャリア関連教育サーティフィケイト（ＩＢＣＣ）16歳〜19歳、２年間、キャリア関連学習

３歳から連続してＩＢの教育プログラムを学ぶことでＩＢの教育理念が達成できるといいます。生涯学び続けることが原則です。ただし、認定校においては、このプログラムのどれかを選択すればいいのです。教育理念の柱は全人教育（the education of the whole person）です。学びを通じて知力、人格、情緒の安定を身に付け、社会人としての成長を期しています。

ＩＢの求める「学力」は、単なる受け身の知識ではなく、クリティカル・シンキング（critical and creative thought）を通じて身に付けた知識を小論文の形で論述させる力を測っています。

２０１９年度まで実施されてきたセンター試験のように膨大な引用文を読み、五肢択一の記号で解答する形式の対極にあります。自分自身が身に付けた知識を自分の中で思想化しそれを論述させる総合的文章表現力を見ようとしています。

記述式試験の採点の公正さを維持することは難しいものです。その点、ＩＢは詳細な採点基準が明示されています。後ほど採点基準については紹介します。

ＩＢの問題分析と採点基準

では実際にどのような問題文が出題されているのでしょうか。ここでは、ディプロマ資格プログラム（ＤＰ）の「世界史」の問題を分析してみます。分析は東京都教育庁指導部、篠田直樹特任教授にお願いしました。

問題文：（時間は60分）

「中国の朝貢システムと西洋列強の貿易、政治、外交代表権、市民権に関する要求は相容れない。」あなたは、１７９３年から１８３９年までの中国と西欧の力との間の相互作用に関するこの評価にどの程度賛成できるか論述せよ。

（問題原文：“The Chinese tribute system and the Western powers demands for trade, politics, diplomatic representation and the rights of their citizens were incompatible.” To what extend do you agree with this assessment of the interaction between China and the Western powers during the period 1793 to 1839?)

解説：

受験生はまずは中国の「朝貢システム」について論述するだろう。その後、西洋の貿易、政治、外交代表権、市民権に関する要求について論述するだろう。受験生は中国と西欧の間の様々な相違の理由と考える内容を明らかにし、二つの文化間の相互理解が完全に欠如していたことを論述しなければならない。具体的には、キリスト教に対置される儒教と仏教、外交関係を樹立したいと望む西洋とは対照的な「朝貢システム」による国際関係、「広東システム」（＊国家による管理貿易）による貿易と西欧の自由貿易観、集団の責任を強調する中国の法システムと潔白と罪の意識は個人の範疇であるとする西洋の考え方、科学と技術面の相違などである。受験生はこれらの論点を与えられた時間枠の中で比較・対照しなければならない。また、「朝貢システム」の組織、マカートニー（１７９３）、アマースト（１８１６）、ネイピア（１８３４）の交易使節団、アヘン貿易とその中国への影響、林則徐のアヘン貿易禁止への試みと西欧の反応、エリオット船長の行動、１８３９年の林喜維の事件と第一次アヘン戦争の開始などのような特定の詳細事項に関連して、処理しなくてはならない。

ＩＢが公表している採点基準は次の通りです。

採点基準：

【０点から８点】

１７９３年から１８３９年までの中国と西洋列強との間の相互作用に関する知識がほとんどないか不適切な知識しかない。解答が根拠のない一般化、不正確、逸話風、的外れの論評を含んでいる。

【９点から11点】

このレベルの解答は、１７９３年から１８３９年までの時期の歴史的事象に関する叙述的な説明、あるいは中国の「朝貢システム」とイギリスの貿易使節の記述である。答えはバランスが欠けており、暗黙のあるいは未成熟な論点となっている。

【12点から17点】

問題に対し明確な焦点が当てられている。この点数層の最下位レベルの解答は、なぜ二つの文化が両立・調和できないかということの理由を十分に分析するよりも、アヘン戦争の原因に必要以上の力点をおく。この点数層のトップ層の答えは文化的、外交的、法的、経済的な論点面を与えられた時間枠の中に処理する分析的な、バランスのとれたものになっている。

【18点から20点】

このレベルの小論文は、この時代の中国と西洋列強の間の相互作用に影響を与えた、広範な一連の文化的、外交的、法的、経済的、技術的要素への特別な次元の洞察力をもっている。受験生は問題文の主張に挑戦し、歴史学上の観点を議論できるはずである。

(SPEC/3/HIST2/HP3/ENG/TZ0/AO/M)

ちなみに、DPの取得要件はCASを修了し、TOKとExtended Essayの評価が「D」以上必要です。更に、Higher Level教科の合計点が12点以上、Higher Level教科で「2」以下でないことと、Standard Level教科でも「2」がないことが条件となります。

このレベルのディプロマを修得できる日本の高校生はどのくらいの学力レベルでしょうか。西洋史を専門とする篠田直樹特任教授に確認すると、難関国立大学入試レベルかそれ以上との解答を得ました。次に、日本の大学入試問題を分析してみましょう。

第8章　２０２４年度の大学入試はこう変わる

大学入試問題「世界史」分析

２０１２（平成24）年度東京大学「世界史」の入試問題を分析してみましょう。同じく篠田直樹特任教授に分析を依頼しました。

問題：

（次頁参照）

この問題を解く上で必要とされる知識として、

１）指定語句の基本的事項を時間軸・空間軸の中で理解し、知識として定着させる。それらの知識を基に、各国の植民地化・民族独立の特徴とそれがもたらす現状と課題の全体像を描ける分析的思考力およびこれを５４０字以内にまとめる論理的表現力が必要

第 1 問

ヨーロッパ列強により植民地化されたアジア・アフリカの諸地域では，20 世紀にはいると民族主義(国民主義)の運動が高まり，第一次世界大戦後，ついで第二次世界大戦後に，その多くが独立を達成する。しかしその後も旧宗主国(旧植民地本国)への経済的従属や，同化政策のもたらした旧宗主国との文化的結びつき，また旧植民地からの移民増加による旧宗主国内の社会問題など，植民地主義の遺産は，現在まで長い影を落としている。植民地独立の過程とその後の展開は，ヨーロッパ諸国それぞれの植民地政策の差異に加えて，社会主義や宗教運動などの影響も受けつつ，地域により異なる様相を呈する。

以上の点に留意し，地域ごとの差異を考えながら，アジア・アフリカにおける植民地独立の過程とその後の動向を論じなさい。解答は解答欄(イ)に 18 行以内で記し，必ず次の 8 つの語句を一度は用いて，その語句に下線を付しなさい。

カシミール紛争	ディエンビエンフー	スエズ運河国有化
アルジェリア戦争	ワフド党	ドイモイ
非暴力・不服従	宗教的標章法(注)	

である。

２）東京大学の「高等学校段階までの学習で身につけてほしいこと」の中で「……能動的で創造的な思考力は……新聞やテレビなどで報じられる現代の事象への関心や、読書によって養われる社会や歴史に対する想像力を通じて形成されます。」と述べられているように、宗教・文化摩擦は重要な現代的課題である、東京大学を目指す生徒ならば押さえておきたい。

このような「総合的な知識」を踏まえた「分析的思考力」、「論理的表現力」を的確に測る目的で、毎年、第１問では指定語を用いて、複数の地域・時代にまたがる大論述問題が出題されています。「指定語」は一部注釈が付されたものを除き、すべて教科書レベルの内容ですが、同じ題材でも、これらの知識を関連付けて理解し（＝分析的思考力）、思考を論理的に論述する力（＝論理的表現力）が問われる点で難易度は高いと考えられます。

ちなみに、河合塾の中村哲郎は東大の世界史の傾向として、

- 空間軸を問う
- 歴史展開を問う
- 相互の関係を訊く

■相違点・共通点を訊く
■指定語を八つか九つ使って答えさせる

と話しています。

こうした入試問題に相対するためには知識の単なる集積では歯が立ちません。過去の知識を疑いながら分析的に本を読み、論理的な文を書く力が要求されます。これはＩＢの「知識の理論」で求められる学力に近いものです。ＩＢに対応した理想の教育課程はクリティカル・シンキング（critical and creative thought）を主眼としたカリキュラムです。

２０１２（平成24）年度のセンター試験（世界史）の問題を見てみましょう（下参照）。

この手の問題には知識を暗記することで十分対処できます。ＩＢの求める「学力」と大きな違いがあります。

ＩＢが想定している学力とは知識量の多寡ではなく、

問２　下線部②について述べた次の文章中の空欄 ア と イ に入れる語の組合せとして最も適当なものを，下の①～④のうちから一つ選べ。 2

海上ルートを使ったムスリム商人は，東南アジアを経て，中国南部の ア や泉州にまで至るようになった。彼らは イ などを求めて東南アジアへ，陶磁器などを求めて中国へ進出した。

① アー広　州　　イーガラス器
② アー広　州　　イー香辛料
③ アー長　安　　イーガラス器
④ アー長　安　　イー香辛料

学校で身に付けた知識を社会生活の中でいかに活用していくか、問題解決能力、探究心などをさしています。

学習スタイルには次の二つがあります。

ア　習得スタイル：授業→復習→予習（授業に戻る）

イ　探究スタイル：授業→追究・探究→表現（授業に戻る）

日本の教育現場では習得スタイルに重点を置かれた教育が綿々と積み重ねられてきました。探究スタイルを最初に提唱したのはアメリカのJohn Deweyです。彼が提案したinquiry-based learning（探究法）の教育効果として、生徒のクリティカル・シンキングの養成、問題解決能力の伸長があげられます。

ＩＢ導入によって、今までの教育スタイルを否定するものではありません。学びのパラダイムを変更する必要があります。

大学入試問題「外国語（英語）」分析

東大の英語入試問題はどのように変遷してきたか概観してみましょう。特徴的な変化は英文和訳問題です。英文和訳問題のみ取り上げてみます。１９７２年から最近の東大入試問題までを比較してみましょう。

１９７２年度（４Ｂ）

次の文の下線をほどこした部分を日本語に訳せ。

Robert: You haven't changed a bit in these ten years, Caroline.

Caroline: I'm afraid that's only your fancy. You've seen me almost every day since we first met, and you naturally wouldn't notice any difference in me.

Robert: That's true. In a way it's been a wonderful ten years, Caroline. We've found constant amusement in one another's society. You've been a great help to me.

Caroline: You've been a dear, Robert. You've always been so kind and patient.

Robert: (1) It certainly hasn't been hard to be either.

Caroline: (2) And you never forget the little anniversaries that men find a bore to remember, but that women think so much of. You never fail to send me a little present on my birthday, Robert.

解説：平易な会話文である。現代の英検で準1級程度か。受験生の英語でのコミュニケーション能力を見たいとするアドミッションポリシーがうかがわれる。

１９９５年度　１（Ａ）
（下参照）

解説：この頃から長文を読み、要約する力が求められる。後期中等教育の英語の授業も逐語訳から段落をざっくり読み要約する授業に変わっていく。

２００５年度　２（Ａ）
（次頁参照）

解説：絵の内容を自由な発想で自分の英語力を駆使して記述する力が求められる。

自由記述式問題への変遷

２０００年度頃の入試問題から顕著な

英　　語

1　(A)　次の英文の内容を 60 字～70 字の日本語に要約せよ。ただし，句読点も字数に数える。

Traditional grammar was developed on the basis of Greek and Latin, and it was subsequently applied, with minimal modifications and often uncritically, to the description of a large number of other languages. But there are many languages which, in certain respects at least, are strikingly different in structure from Latin, Greek and the more familiar languages of Europe such as French, English and German. One of the principal aims of modern linguistics has therefore been to construct a theory of grammar which is more general than the traditional theory — one that is appropriate for the description of all human languages and is not biased in favor of those languages which are similar in their grammatical structure to Greek and Latin.

2 (A) 下の絵に描かれた状況を自由に解釈し，30～40 語の英語で説明せよ。

変化がみられます。２０１６年度の大問２Ａで次のような出題が出題されています。

２０１６年度　２Ａ

下の画像について、あなたの思うことを述べよ。
全体で60～80語の英語で答えること。

「実物は画質の悪いモノクロ写真。いったいなんだか判別できないが、生き物を、指でつまもうとしているように見える写真だ」

【解答例】（著者作成）

This photo was taken using my smartphone. I happened to find my cat sleeping on the carpet, so I wanted to make a funny photo and send it to my friend. By focusing on my fingers far above the cat, I tried to emphasize the big contrast between my fingers and the object, a sleeping cat.

The photo turns out to be as if a tiny cat were being picked up by huge fingers. I am sure my friend will like it.

この問題を解く上で必要とされる知識として

常日頃からあらゆるメディアを駆使し英語表現に接している必要があります。英語のニュースや映画などからこれはという面白い口語表現があったらメモして暗記しておくとアウトプットの幅は大きく広がります。全般的に次のような知識が要求されます。

- 限られた時間内に正確に英文を読みこなす力。
- 主題と文脈を理解しながら、各段落の要旨を正確につかむ読解力。
- 段落ごとのつながりを見失うことなく、文全体の構成を理解できる力。
- 語彙力に読解力を加味した問題である。

テーマに関して首尾一貫した論を展開しないと高得点はもらえません。

オーラルコミュニケーションの授業でこうした形式の問題に慣れておく必要があります。英語表現の授業で70字から80字くらいの長さの英文を書く練習も効果的です。難し過ぎる表現やbookishな英語を使わず、自分の知っている確実な英語表現を使うこと。アウトプットの幅を広げるべく常日頃から会話表現集などコツコツを集めておくことも効果的です。

反転学習（flipped classroom）の授業で、ある主題を自学自習の課題として家でやってきて、教室では3名くらいのグループで発表させます。協働作業の中でより良い英語表現あるいは奇抜な発想をお互い学ぶことも効果的です。

いろいろなテーマで自由英作文を書き、ＡＬＴかＪＥＴに添削をしてもらい、その上で日本の教師が再度添削するとよいでしょう。

英語科だけの指導では対応できません。教科横断的な取り組みが必要となります。「英語表現」の授業などで文法上正しく、論理的で説得力のある英文構成法を学ぶことは可能です。空き時間を見つけ幅広いジャンルの読み物に接する必要があります。日本語で古代教養を含めた内容の書籍を読ませることも大切です。

入試問題に東京大学のアドミッションポリシーが表れています。東京大学では次のような能力の学生をとりたいのでしょう。

(1)　高度な基礎学力＋専門知識
(2)　幅広いグローバル教養を基礎とした洞察力
(3)　アクチュアルな課題に対する実践的問題解決力

この頃から東大の問題は何を問おうとしているのか、少し見ただけでは分からない内容になってきました。少ないヒントを頼りに、自分の力で問いを立てる力を求められます。問題解決型学力が求められているのです。

2024年度の大学入試はこう変わる

『週刊教育資料』による全国高校へのアンケート調査によると、

■「情報Ⅰ」は公立学校の8割が1年次に置くだろう。残り2割の学校が3年次に置く。

■「文学国語」は文系の2割、理系の4割の学校で未設置である。

■「論理国語」は文系、理系とも8割の学校が標準単位(4)で設置する。

■「数学C」は国立文系の8割がこの要素を含む内容の学校設定科目を設置する。1割の学校が数学Cでベクトルを扱う。

■英語はwritingとlisteningで差がつく。早稲田大学の国語、一橋大学の数学と自由英作文、東大の自由英作文で差がつく。

■東大は国語力が求められる。難関大学合格を目指すには英数国で60%以上の点数が欲しい。

各教科の対策は次のようになります。

国語

- 評論文、現代文、古文、漢文をバランスよく学ぶ必要がある。「評論文」においても大学二次試験で差がつく。高校２年後半から記述式問題にあたるとともに現代文も継続して学ぶ必要がある。
- 大学入学共通テストでは従来予定されていた記述式問題がなくなり、それほど大きな変化は見られなかったが、近代以降の文（現代文）では論理的な文章、実用的な文章、文学的な文章の題材が出題されるであろう。複数テキストの読み比べ、実用的な文章の読解の問題に対応した学びを実践する必要がある。
- 国語学習の基礎基本の学習を怠らないこと。漢字・語句、古典常識、古典文法、漢文句形、句法など日ごろの学習の中で繰り返し定着させる。
- 現代文ばかりではなく、古文、漢文の分野でも「漢字・語句」に関する正確な知識を身に付ける。

数学

- 思考力は基礎的な知識と密接な関係にある。基礎的、基本的な計算力が身に付いていないと思考力が高まらない。

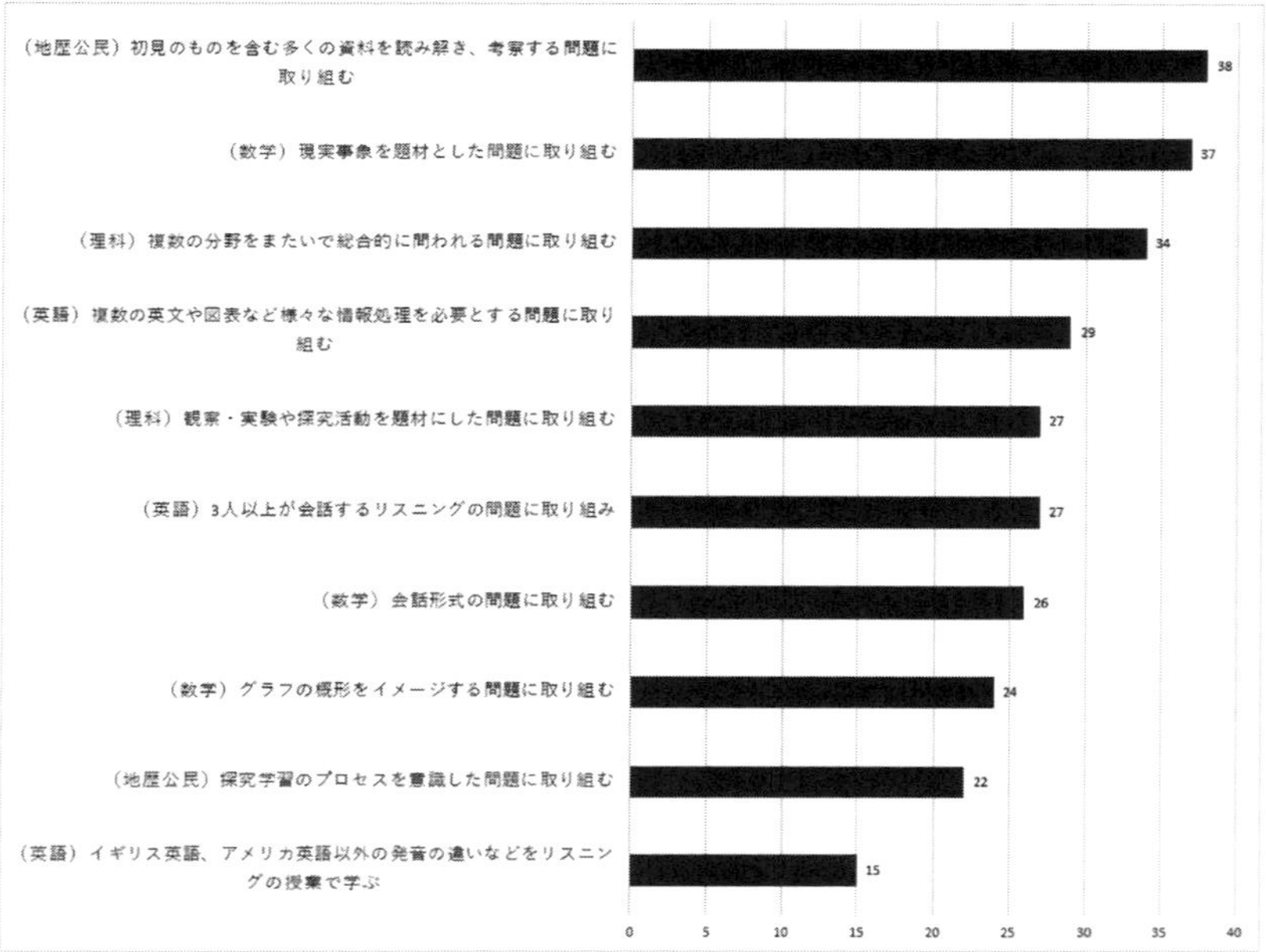

図12　大学入学共通テストにおいて高校教師が今後の対応が必要だと感じた問題・特徴
ベネッセ教育情報センター「教育・入試改革対応に関する調査」より著者作成（2021年９月）

■「図形と方程式」「ベクトル」「三角関数」「微分・積分」などは、概念の理解が重要である。

■短時間で問題文を正確に読み取る読解力も求められる。問題解決までの見通しを立て、解決までの解法プロセスを重視し、生徒自身に考えさせる。

■新傾向問題では、数学的な問題解決の課程や得られた結果の考察も重視される。日常の事象や数学の良さを実感できる題材が扱われるだろう。

■高校までの数学は数式と計算が中心になる、高等教育へ行くと概念と論理が前面に出てくる。難関大学を目指す生徒は既存の概念を修正し新たな概念を開発する数学的思考が欲しい。

■高校の新１年から統計学が入ってくる。生徒が社会に出て、自分の仮説が正しく、そこから導き出された統計が有意水準に達しているかどうか検証する場面が出てくるだろう。統計学は文系理系問わず必履修科目である。

図12は、高校教師が２０２１年度大学入学共通テストを分析した結果、今後こうした分野に力を注ぐ必要があると回答した資料です。これからの大学入試の流れを推測させるデータです。

第9章 21世紀型学校経営にむけて

グローバルで活躍する人材の育成

コロナウイルスが収束した時、どのような社会が到来するでしょう。ひしひしと格差の時代が歩み寄っています。**公教育を国全体で支えていかないと、学習環境を整え将来の危機に備えている学校だけが21世紀に生き残っていくことになるでしょう。**

未来のことは誰にもわかりません。予測できない未来だからこそ、そのため知恵を働かす必要があります。著者なりに未来を予測してみると、

- オンラインで授業をすることで個別適正化学習が定着するであろう。しかし、**家庭ごと、自治体ごとで格差が生じる。**
- オンライン授業と対面式を組み合わせたハイブリッド型授業が定着すると協働学習が進展する。その反面、**不登校生徒の増加にみられるように、児童・生徒は通信制教育、塾、予備校の教育へ流れる。**

■**学校教育の質と多様性が強調される。**校長の学校経営方針、グランドデザイン、シラバスの整合性が取れていない学校、組織的な取り組みができていない学校は募集活動に苦労する。

■履修主義、修得主義を組み合わせる旧来の教育制度は見直される。**履修主義は同調性、画一性をもたらし21世紀型学びにあわない。**

■旧来の枠にとらわれない**魅力ある学校が創設される。**

■EdTechが浸透すると、国内外の有名大学の授業をだれでも受講することになり、**デジタル技術にたけた人とそうでない人との差が生じる。**また、教育制度上の受験の意味付けが変わってくる。

■コロナウイルスが終焉すれば経済も次第に立ち直る。グローバリズムが見直され、自国第一主義の政策はさらに過激化するかもしれない。ＣＯＰ26に見られるように世界の有能な指導者は国ごとの連携の必要性を唱えている。

■成績上位層の生徒数はあまり変わらないが、下位層の生徒が増える。**最低限の学習さえ保障されないセーフティーネットからあふれた子どもたちが出てくる。**

■〈ノブレス・オブリージュ〉の真の意味が問い直されるだろう。この語の意味は「より恵まれた人はその分だけ、より大きな義務を果たさなければならない」ということである。

コロナウイルスの危機のあと、教育の力が再考されるでしょう。知を愛する心が大切になるでしょう。従来の価値観で物事の判断ができない時代がきます。この危機は世界中であらゆる点において価値観の大きな転換点になるでしょう。教育の分野においても例外ではありません。

図13を見てください。将来のバーチャル空間の学校はこのようなイメージになるでしょう。

しかし、理想的な学校とはオンライン授業と対面式授業を組み合わせたハイブリッド型の学校です。学校教育は児童・生徒の全人的な発達の場です。児童・生徒は学校行事、部活動、友達との語らい、教師とのコミュニケーションなど学校活動を通じて全人的に成長します。

保護者は子弟を小中学校に就学させる義務があります。教育基本法、学校教育法は子どもたちが教育を受ける権利を保障する学校制度の根幹です。

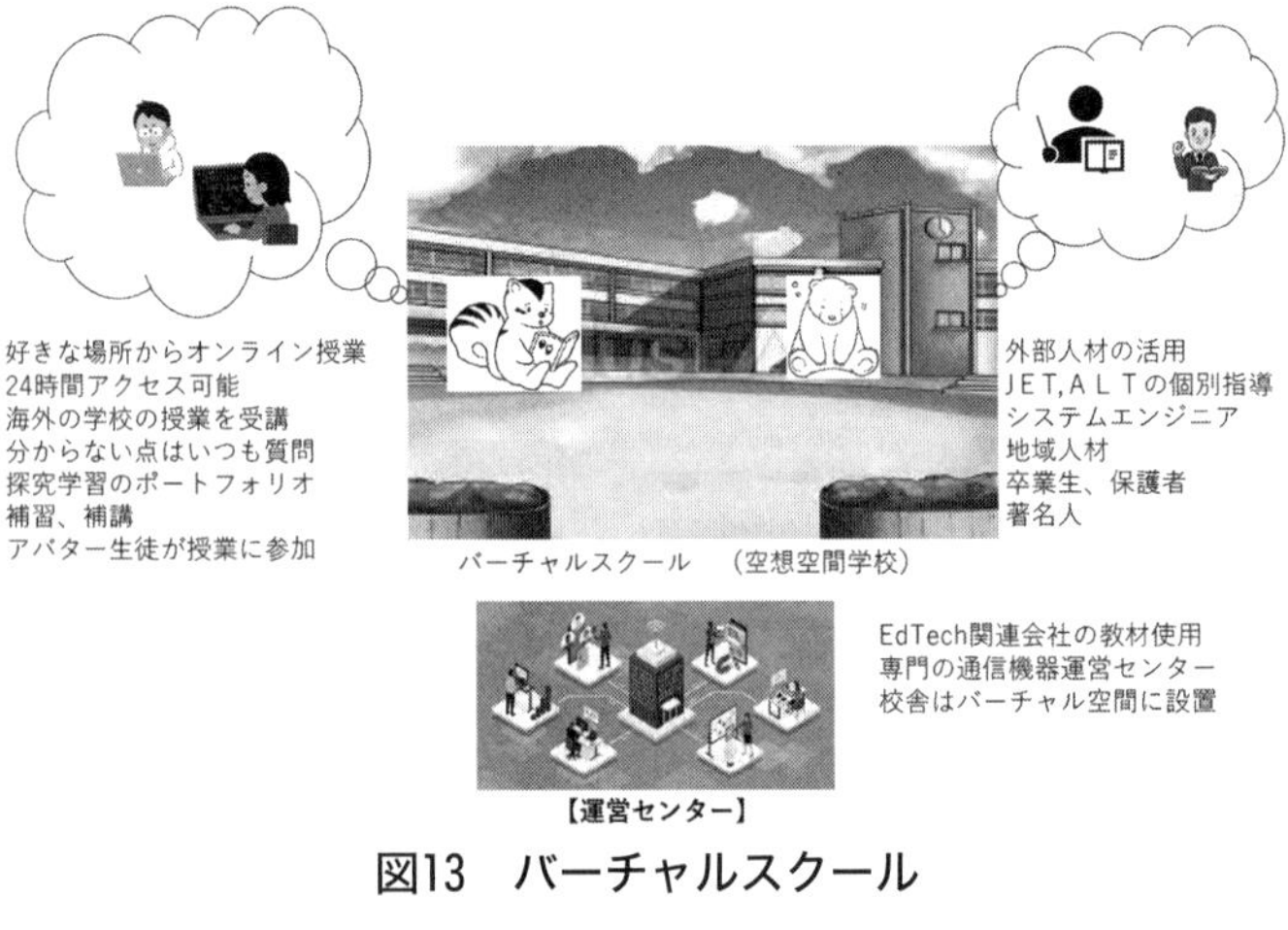

図13　バーチャルスクール

理想的な将来の学校は図14に示す通りのハイブリッド型教育です。

付加価値のある人材の育成

教員集団はどこを改善すべきか、徹底的に話し合う必要があります。「観察力」と「判断力」が求められます。一方、校長は学力というものはカリキュラムの改善によって保障されることを認識すべきです。

校長は学校目標（グランドデザイン）を立て、カリキュラムを分析し、授業を変え、学校文化を変えていきます。

教員はカリキュラムに込められた教育目標を毎日の授業の中で実践していきます。これからの教師力とは、

- 常に学び、一生涯学び続ける人。
- 専門外の人と付き合い、様々な考えの人と付き合える人。
- 他人に対する洞察力のある人。
- 予想できない社会の変化に対応できる人。
- 自分で人生の目標を立て、目標の遂行のため根気よく突き進む

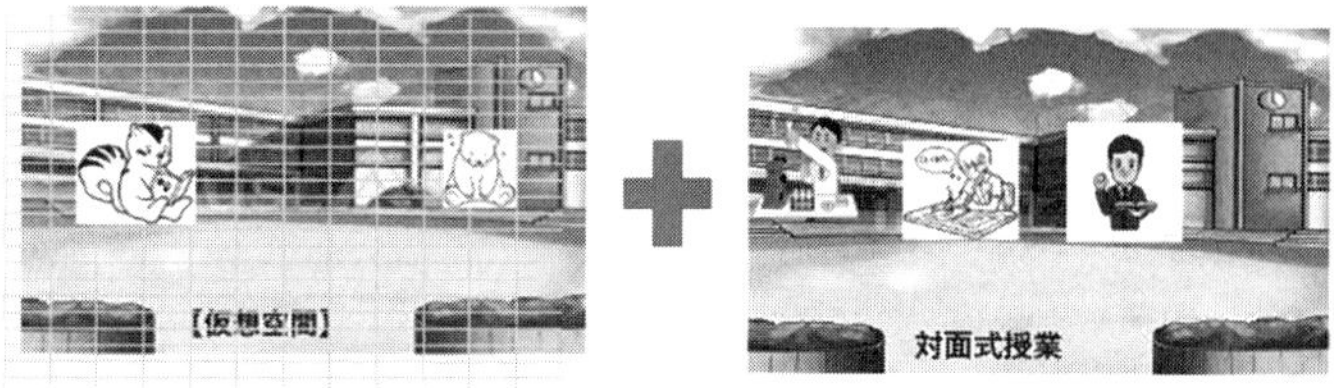

図14　ハイブリッド型教育

人。

■自分の価値観を押し通すことなく、一人ひとりの心がわかる人。

「学校が変わった」「生徒が変わった」という教育上の変化を科学的根拠なしで語ることは、今日の社会ではタブーのように思われます。唯一、科学的データ分析をするなら、付加価値という方法で語ることが可能です。

ハーバード大学のチェティ教授は全米大都市圏の学校に通う100万人もの小中学生のデータと納税者記録の過去20年分のデータを用いて、付加価値（value-added）が教員の質の因果関係を捉えるのに極めてバイアス（偏り）の少ない方法であることを明らかにしました。

これほどの大規模の科学データを分析する時、真正なエビデンスは得られます。日本の場合はほとんど不可能です。

ここでは「付加価値」をあくまで教育的効果という漠然とした目安で表現しています。

効果のある学校

効果のある学校とは高度な「普通教育」（general education）を施す学校と定義できます。普通教育とは大学教育を意味するのではなく、職業教育に対し普通科を意味するものでもありません。

佐藤学によると、「普通教育」とは中等教育の大衆化に伴い成立した概念で、旧来のエリート教育から脱却させ、大学進学者の教育と、多様な職業への準備教育の両方を統合する総合的な中等教育を指しています。

普通教育とは、「すべての国民に共通に必要とされる教育」のことで、高度な普通教育を施す学校が良い学校と言えます。効果のある学校とは、

- 教師の授業力のある学校。
- 挑戦する目標を持っている学校。全教員がその目標を共有している。
- 活力のある学校。生徒または教職員がその学校に所属することに誇りを持っている。
- しっかり学校評価をしている学校。管理職の評価ばかりではなく、教員自らの評価も実施している学校は良い学校である。
- 保護者へ的確なアドバイスができる学校。
- 適切な指導、時宜を得た指導が行われる学校。
- 所属することにより児童・生徒が良い方向へ変容する学校。

「変える」

児童・生徒の勉強時間は多いのだが、成績が伸びない

（解決策）

図15を見てください。縦軸は模擬試験、あるいは定期試験の点数です。横軸は学習時間です。

第1象限の児童・生徒：特に問題なし。
第2象限の児童・生徒：地頭の良い子。
第3象限の児童・生徒：学習時間が少ない、そのため学力が向上していない。
第4象限の児童・生徒：学習時間が多いが成績が伸びない。

第3、第4象限の児童・生徒には次のような学習指導が勧められる。

■「振り返り（内省）」が大切。定期試験、模擬試験などどこで間違えたか記録する。ポートフォリオに記録する。

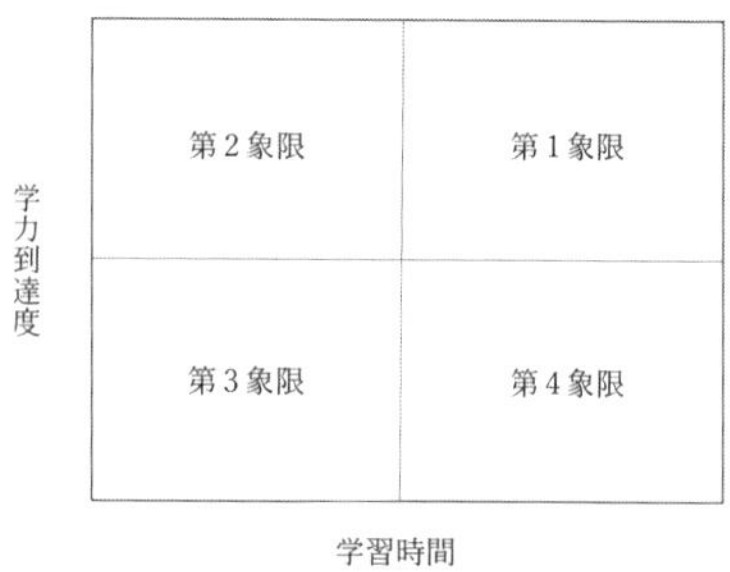

図15

■勉強計画を作らせる。学習習慣が身に付かないまま高校生になった生徒には手取り足取り丁寧な指導が必要。ノートの取り方から指導する。つまずきの原因をさぐる。
■モチベーションを高める、少しでも偏差値が上がったらほめる。
■「もっとプリントください」といってくる受け身の生徒が多いので段階的にプリントの内容を難しくしていく。
■1年から2年にかけての学力形成期のデータをチェックする。2年の秋の模擬試験の平均点偏差値が1年の7月からマイナス4％以上だと要注意。基礎基本から学びなおす。
■ゴール（卒業時）から逆算して自分自身で定量的、定性的目標を立てる。定量的目標は数値目標で、定性的目標とは取り組みの意識など非認知能力に関するもの。

その補講は効果的ですか

（解決策）
■部活動生徒のために特別補講を用意しているか。基礎定着のための補講と成績上位者のための補講を用意しているか。
■授業中の小テストは学年共通テストか。学年共通テストでないと効果が薄い。
■入学時にノートの取り方、学習計画の作り方の指導をしたか。

内省を促す指導をやっていますか

（解決策）

内省を促す指導の手順は次のようになります。

①気づきを促す：講演会、見学、調査、課題図書などの体験を通し、気づきを促す。
②振り返り：何を学び、どんな発見があったか。
③計画を立てる：自分の興味関心のある研究分野をさがす。それに関する基礎資料をさがし、知識を固める。
④実践：ポスター発表、論文作成（４０００字程度が望ましい）、プレゼンテーションなどから仲間から評価を得る。

内省を促す学習のポイントは教師が何を、どのように教えるかという視点から生徒が「何ができるようになるか」「何を学ぶか」「どのように学ぶか」主体的に考えられるように変容することです。

職場の同調圧力に屈していませんか

（解決策）

中島義道は『善人ほど悪い奴はいない』という本の中で言っています。「**大衆とは良い意味でも悪い意味でも、自分自身に特殊な価値を求めようとはせず、自分は〈すべての人〉と同じであると感じ、そのことに苦痛を覚えるどころか、他の人と同一であると感ずることに喜びを見出しているすべての人のことである**」

大変含蓄のある言葉です。教師集団は同調圧力が支配しています。学級王国という名が示すとおり、他の職業にくらべお互いを表立って批判しません。他の先生と同じことをやっている、同じ考えであることに安住し、異質なものに対し拒否反応を示します。同調圧力をなくさない限り教師に対する敬意は下がる一方で信頼回復は望めないでしょう。

児童・生徒を伸ばすほめ方をしていますか

（解決策）

他人との比較ではなく、自分自身との比較に焦点を当てます。自分が頑張ったから成績が伸びた、偉いねといったほめ方は成長的マインドセットといいます。一方、「頭がいいね」「優秀だね」と能力に焦点を当てたほめ方は固定的マインドセットです。

児童・生徒をほめるとき、成長的マインドセットが効果的です。

効果的な発話（問いかけ）ができていますか

（解決策）

教師の力量は発話によって決まります。効果的な発話（問いかけ）ができていない教師は効果的な授業を運営できていません。効果的な発話とは、

- 教えたい内容の全体部分から中心部分、具体的な部分へむかって問いかける。
- 要点をまとめたメモを手元に置き、授業の流れを確認する。
- 問いかける前に問う内容を心の中で反芻する。
- その問いかけを発する前に児童・生徒の様子をみる。タイミングをうかがう。
- 児童・生徒が答えを予想できるようにいくつかの選択肢をあたえ問いかける。
- 授業の導入部分で本時の目的を話す、あるいは板書する。この一時間で児童・生徒はどんな知識がつくのか、心の準備をしながら授業をうける。教師の指導により既知がぬりかえられていくのが良い授業である。
- 教えすぎない。途中で説明をとめ、児童・生徒にその先を答えさせる。

なぜ生涯学習が必要ですか

（答え）

ＯＥＣＤ加盟国の平均データをみると、２００６年から２０１６年の間で労働市場の定年は62歳から64歳に延びました。同時に個人の雇用率は55歳から64歳で53％から59％に伸び、60歳から69歳は20％から26％に上がりました。

身体は加齢とともに衰弱するかもしれませんが、精神だけはその人の精進しだいで衰弱することがありません。常に学問を進めていくとき、精神の衰弱は防げるのでしょう。生涯学習の必要性が叫ばれます。

ワクチンの接種がすすみ、コロナが一段落したかと思えば、南アフリカでオミクロン株が発見されました。この新種は従来のコロナより感染力が強いと言われています。

カミュは『ペスト』の中で書いています。「ペストと生との賭けにおいて、およそ**人間がかちうることの出来たものは知識と記憶であった**。おそらくこれが、勝負に勝つとタルーの呼んでいたところのものなのだ！」

知識は万人が手にすることができます。その知識を生かすも、眠らせるのもその人の行動力にあります。記憶は人を行動に導くため蓄積された知識の倉庫です。倉庫のなかの知識を必要に応じて引き出し、行動に移すとき、生きた知識となります。

コロナ禍は自然が人間に与えた教訓のように思えます。土地、水、空気など地球環境は工場で生産することはできません。地球上にすむ万人に公平に与えられたものです。資本主義的に地球環境を使うとき、弱者と強者が生まれます。コロナ禍は新自由主義的な流れに対する自然からの警告です。

専門家によると「学校」「教育」という言葉は中国では二千何百年も前からあったと言われます。この変化の激しい今日「学校」と「教育」の意義を再考する必要があります。

江戸時代、寺子屋は日本中にありました。寺子屋がこれほど多くあったということは村中に教えたがり屋がいっぱいいたということです。江戸の教育力で優れていた点は、社会全体で子どもたちを「一人前にする」という考えでした。

ＤＸの時代はまさに誰もが先生になれる時代です。オンラインが普及し、児童・生徒はどこにいても、自分の好きな授業を、好きな時間に好きな場所で受けることができます。**ＤＸ時代に教師を専門として生きていく人は教えることを天職（calling）と考える気概が欲しいものです。**

日本の教育を元気にするには、日本中に教えた

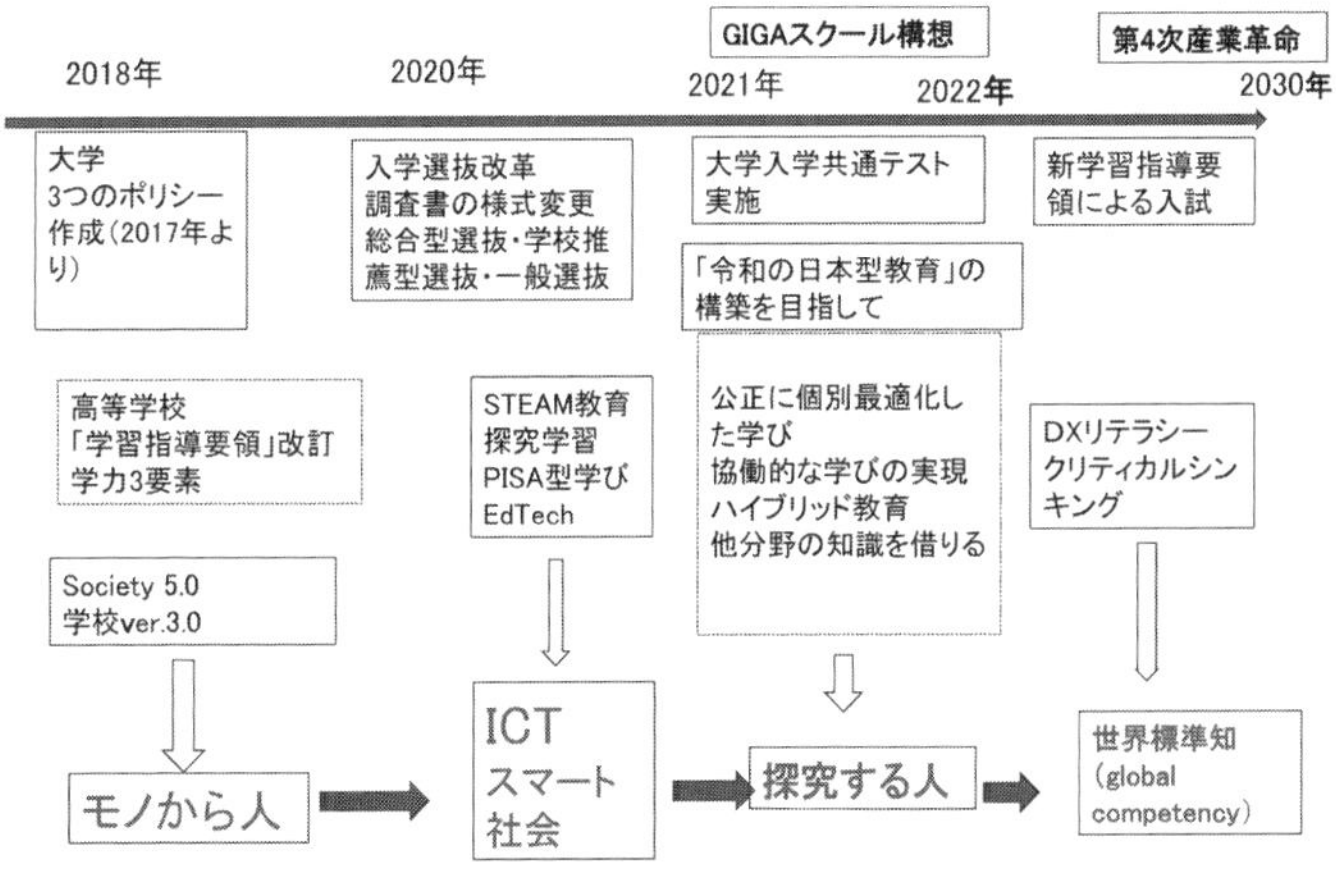

図16　いざ、新教育へむけて、new stepを！

がり屋を増やすことです。現代版寺子屋を日本中に増やすことです。そんな思いがこの本を執筆する契機となりました。

最後になりましたが、机の中に眠っていた原稿を出版という形で「公」のものにしていただいた東京図書出版の皆様に感謝致します。

参考文献

『ＤＸの思考法』西山圭太著、冨山和彦解説（文藝春秋　２０２１）

What School Could Be, Ted Dintersmith (Princeton University Press 2020)

『教育の目的』ホワイトヘッド（松籟社　１９８６）

『二つの文化と科学革命』Ｃ・Ｐ・スノー（みすず書房　２０２１）

"This is our chance to pull teenagers out of the global smartphone trap" *The International New York Times*, August 4, 2021, by Jonathan Haidt, Jean M. Twenge

『デジタル化する新興国』伊藤亜聖（中央公論新社　２０２０）

Rethinking School, Susan Wise Bauer, W. W. Norton & Company, 2018

Knowing What Students Know: The Science and Design of Educational Assessment, James W. Pellegrino, Naomi Chudowsky, Robert. Glaser, National Academy Press, 2001

"OECD Future of Education and skills 2030" (www.oecd.org/education/2030-project/about/)

『学ぶ力』工藤左千夫、河合隼雄、工藤直子ほか（岩波書店　２００４）

『ＤＸとは何か』坂村健（ＫＡＤＯＫＡＷＡ　２０２１）

『計算する生命』森田真生（新潮社　２０２１）

『〈現実〉とは何か』西郷甲矢人、田口茂（筑摩書房　２０２１）

『コロナ時代の公教育』岩崎充益（スローウォーター　２０２０）
『「公教育」の私事化』岩崎充益（東京図書出版　２０１８）
『都立秋川高校　玉成寮のサムライたち』岩崎充益（社会評論社、パピルスあい　２０１５）
『スマホ脳』アンデシュ・ハンセン（新潮社　２０２０）
『学問論』田中美知太郎全集（筑摩書房　１９８７）
『文学論』夏目漱石全集（岩波書店　１９９３）
『ＯＥＣＤ未来の教育改革２　個別化していく教育』ＯＥＣＤ教育研究革新センター　岩崎久美子訳（明石書店　２００７）
『国際的学力の探究―国際バカロレアの理念と課題―』西村俊一編著（創友社　１９８９）
ＩＢ問題原文：*"The Chinese tribute system and the western powers demands for trade, diplomatic representation and the rights of their citizens were incompatible." To what extend do you agree with this assessment of the interaction between China and the Western powers during the period 1793 to 1839?*
(SPEC/3/HIST2/HP3/ENG/TZ0/AO/M)
『平成24年度大学入試問題分析集』（東京都教育庁指導部発行　２０１２）６頁
『21世紀型スキルとは何か』松尾知明（明石書店　２０１５）
『朝日新聞』２０２０年11月1日　朝刊
『ジグソー法ってなに？』エリオット・アロンソン、シェリー・パトノー（丸善プラネット　２０１６）
『Career Guidance』2021 JUL. Vol. 438（リクルート進学総研）

『ハンナ・アーレント、あるいは政治的思考の場所』矢野久美子（みすず書房　２０１４）
『善人ほど悪い奴はいない』中島義道（角川書店　２０１０）
『ペスト』カミュ（新潮社　１９６９）
『週刊教育資料』No. 1637号（教育公論社　２０２１年12月6日号）
『江戸の教育力』高橋敏（筑摩書房　２００７）
『週刊新潮』２０２１年10月21日号
『カリキュラムの批評』佐藤学（世織書房　１９９６）

岩崎　充益（いわさき　みつます）

1949年長野県生まれ。長野県立下伊那農業高校を卒業、東京教育大学（現筑波大学）在学中に箱根駅伝でアンカーを走る。その後世界放浪、37カ国に滞在する。帰国後、獨協大学外国語学部ドイツ語学科卒業、米国コロンビア大学大学院で英語教授法の修士取得。横浜の私立山手学院高校、東京都立高校で英語を教える。全寮制都立秋川高校の舎監長、都立五日市高校校長、都立青山高校校長をへて、現在、東京都教育庁指導部高等学校教育指導課、特任教授。獨協大学非常勤講師。主な著作に『都立秋川高校　玉成寮のサムライたち』（パピルスあい、社会評論社、2015年１月刊）、『「公教育」の私事化 ― 日本の教育のゆくえ ―』（東京図書出版）、『コロナ時代の公教育』（スローウォーター、2020年）がある。

DX時代の21世紀型学校像

2022年4月15日　初版第1刷発行

著　　者　岩崎充益
発行者　中田典昭
発行所　東京図書出版
発行発売　株式会社 リフレ出版
〒113-0021　東京都文京区本駒込 3-10-4
電話 (03)3823-9171　FAX 0120-41-8080
印　　刷　株式会社 ブレイン

ISBN978-4-86641-529-1 C3037
Printed in Japan 2022